本书出版由教育部人文社会科学研究青年基金项目"人类命运共同体思想的传统文化溯源"（20YJC710049），山东建筑大学博士基金项目"《周易治要》修身思想新时代价值研究"（X19001S）资助

九州文库

原来如此

——『周易』共同体思想研究

秦 芳 著

九州出版社
JIUZHOUPRESS

图书在版编目（CIP）数据

原来如此：《周易》共同体思想研究／秦芳著 . --
北京：九州出版社，2022.11
ISBN 978-7-5225-1600-4

Ⅰ . ①原… Ⅱ . ①秦… Ⅲ . ①《周易》 - 研究 Ⅳ .
①B221.5

中国版本图书馆 CIP 数据核字（2022）第 236424 号

原来如此：《周易》共同体思想研究

作　　者　秦　芳　著
责任编辑　黄明佳
出版发行　九州出版社
地　　址　北京市西城区阜外大街甲 35 号（100037）
发行电话　（010）68992190/3/5/6
网　　址　www. jiuzhoupress. com
印　　刷　唐山才智印刷有限公司
开　　本　710 毫米×1000 毫米　16 开
印　　张　13.5
字　　数　156 千字
版　　次　2023 年 3 月第 1 版
印　　次　2023 年 3 月第 1 次印刷
书　　号　ISBN 978-7-5225-1600-4
定　　价　85.00 元

序

　　进入二十一世纪以来，世界格局不断出现变动。东升西降的趋势使得西方社会对于中国的发展越发好奇。这种好奇掺杂着误解、质疑和批判。面对中国共产党领导的中国特色社会主义不断取得的历史性成就，西方社会急于破解中国成功的密码。

　　英国学者马丁·雅克在其著作《当中国统治世界》一书中敏锐地指出："认为中国对世界的影响主要体现在经济方面，实在有些过时。中国的政治和文化可能也会产生无比深远的影响。"如今，随着中国日益走向世界舞台的中央，"中国之治"与"中国模式""中国智慧""中国方案"等也越来越得到国际社会的关注。而中国的成功，归根结底是中国制度和中国治理模式的成功，所以世界各国越来越多的学者开始探究中国治理的特质和优势。在中国制度形成的过程中，有很多因素都发挥了作用，其中最根本的，也是最重要的，当属中国几千年的文化传承。

　　因此，要读懂中国制度，离不开对中华优秀传统文化的深入理解和正确认识。中华优秀传统文化之所以优秀，是因为它是"志于道"的文化，追寻的是宇宙人生的大道。老子指出，求道的方法与求学不同："为学日益，为道日损。损之又损，以至于无为。无为而无不为。"古圣先贤正是通过无为、无知的方式达到了无所不为、无所不知。这与西方人求知识的方法截然不同。在求知的过程中，即使知识再丰富，但只要有知，就会有不知，就不可能达到"全知"的境界。圣人无知的境界，就如镜子一样，上面虽干干净净，本身什么图像都没有，但是镜子本身的作用就能达到"无所不知"，即谁来现谁的像。中国古人认为"人皆可以为尧舜"，即任何人通过学道都可以成圣成贤（"全知"）。但是在西方文化中，"全知"的上帝只有一个。因此，用西方求知识的方法理解中国古圣先贤的智慧，在方法论上就已存在相当的困难。

　　方法论的不同也导致了世界观和认识论上的分歧。西方人的世界观和认识论以"二元对立"为主要特征：主观与客观、主体与客体、自我与他人、人与自然界等等。这种二元对立的思维方式渗透到方方面面，于是父子、夫妇、老板与员工，乃至兄弟、朋友、企业、国家之间都成为彼此对立的关系。所谓的竞争、博弈论、修昔底德陷阱等概念和理论，都是在这种二元对立的思维中产生的。用这种"二元对立"的思维方式和眼光来审视中国传统文化中的父慈子孝、夫义妇德、君仁臣忠、兄友弟恭、诚信合作，互利双赢、协和万邦、天人合一等理念，不可避免会导致误读与误判。

　　实际上，中国古人很早就形成了"以天地万物为一体"的世界观，在这种"一体之仁"的观念之下，父与子、夫与妇，乃至兄弟、朋友、君臣、国家之间都是和谐一体的关系，因而"一荣俱荣，一损俱损"。在这种整体的思维方式之下，中国虽然经历了漫长的历史发展过程，但是仍然保持了人与人、人与自然、人与社会，乃至国与国之间的和谐相处，从而使得中华文明作为历史上唯一一个没有中断的文明得以延续。究其原因，在于中国人在绝大多数的历史阶段中都尊重了古圣先贤"志于道"的发展方向，遵循了"天人合一"的世界观，采取了"一体之仁"的整体思维方式，坚持了"民胞物与"的道德观念。这种世界观、思维方式、道德观念渗透在国家治理和社会制度的方方面面，具体体现在政治、经济、文化、教育、法律、外交等制度设计与政策制定之中。

要深入理解中华优秀传统文化的这些特点，就必须深入经典。然而中华文化源远流长，典籍浩如烟海，要厘清文化渊源，必须从源头着手，方可顺理成章。作为"群经之首"的《周易》历来为学者必读经典，前启圣王明君，后至君子学人，《四库全书》中收录相关注疏多达几千余种。同时，诸子百家之学派分支，皆能从中找到起源，足见"大道之源"名不虚传。然而，经典无人说，虽智不能解。《周易》经过孔子作"十翼"开显德义，向人讲解，并在后世不断证实，才真正"飞入寻常百姓家"，所谓"人能弘道"。直到今天，仍有很多学者对于《周易》保持浓厚兴趣，并且研究专精深入、各成一说，蔚为大观。青年学者亦担当道义、赓续接力，正如现在这本《原来如此——〈周易〉共同体思想研究》，便是作者秦芳在三年读博期间，潜心研读、沉淀积累，又经过三年教学科研打磨锻造，用心完成的一部作品。

诚然，登堂入室并非易事，但是对于中华优秀传统文化的热爱和真挚更为可贵。从本书中能够看到作者踏实本分地研读，一字一句皆有出处，不下一个妄断，"信而好古，述而不作"；同时还能看到她关照现实，勇敢运用经典，分析当今时事，"学以致用"；更重要的，是她透过经典文字、历史变迁，看到事物发展变化一以贯之的核心理念、不变规律，并将"天下一体、物我共生"的真相用质朴的文字表达出来，希望越来越多的人认识中国的本来面目。这其中，还包含着她作为一名高校教师对待莘莘学子的良苦用心。这种发自内心的热爱和真挚，是一位学者持之以恒做学问的重要素养，是在各种烦扰诱惑下仍能坐得住冷板凳的精神支撑。

新时代需要创新、创造，但面对纷繁复杂的局势变化，更加需要守正的定力、智慧。作为秦芳的博士生导师，笔者非常欣慰地看着一名青年学生稳步成长为一位青年学者、教师，她的努力在生根发芽。此时出版此书正当其时，大变局百年未有，中国智慧需要重登舞台，更需要越来越多的年轻人力行传承。这也正是她的一个心愿：希望与年轻的朋友们同心协力，为中华民族伟大复兴助力，为人类持续发展的美好未来献策。

寅虎将至，秦芳作品即将付梓，问序于余，欣喜之际，顿忘浅陋，聊弁数言，以示随喜。

刘余莉

中共中央党校（国家行政学院）哲学部教授、伦理学博士生导师，

中国传统文化促进会《群书治要》传承委员会主任，

中国婚姻家庭研究会副会长

2022 年 1 月 29 日于北京

目 录
CONTENTS

绪 论

在大力弘扬中华优秀传统文化的今天，我们不禁追问：所谓"传统"，传的是什么统？"以文化人"①，又用的是什么文？化成了什么样的人？今天的中国人应当如何汲取传统文化之精华，才能承前启后、自利利他？"云雷，屯，君子以经纶。"② 万事开头难，唯有把握经久不变的普遍规律，方能顺应时代再创辉煌。

近五百年来，世界处于一个西方不断探索未知东方、东西文化碰撞融通、大小革命战争频繁、国家之间激烈对抗的时代。15 世纪，欧洲的资本主义开始萌芽，一些航海家带着去神秘东方的"寻金梦"，开辟了东西方沟通的新航路。这一举动犹如打开"潘多拉宝盒"，既满足了人们对于黄金财富的渴望，也引起人们贪婪无度的欲望。随着工业、科技不断革新，世界舞台开始上演列强侵略与殖民、弱国觉醒与革命的剧目。直到一战、二战结束，流离失所、举目无亲、陷入狼藉的人们望着残垣断壁开始反思：人类为何互相残杀？世界还能否和平持久地发展下去？20 世纪末，英国历史哲学家汤因比在展望 21 世纪世界发

---

① 刘余莉：《群书治要十讲》，团结出版社，2014，第 73 页。
② （清）纪晓岚：《钦定四库全书荟要》第二册，吉林出版社，2005，第 51 页。

展趋势时提出："我所预见的和平统一，一定是以地理和文化主轴为中心，不断结晶扩大起来的。我预感到这个主轴……在东亚……就中国人来说，几千年来，比世界任何民族都成功地把几亿民众，从政治文化上团结起来。他们显示出这种在政治、文化上统一的本领，具有无与伦比的成功经验。这样的统一正是今天世界的绝对要求。"①

2017年1月25日，中共中央办公厅、国务院办公厅印发了《关于实施中华优秀传统文化传承发展工程的意见》，时代发展要求中国人担负起传承和弘扬中华优秀传统文化的历史使命，促进全球一体的大和平。和平的前提是多元文化的共存，世界各民族的和平相处也以各民族文化的自立自强为前提。和平的实现有赖于和谐因素的壮大，中华文化大有用武之地。中国人自古以"和"为贵，小到个人心平气和、家人友顺和睦，大到国家保合太和，进而带动万邦睦邻协和，以"和而不同"的气度广包天下，是以中华民族由小小中原而成泱泱大国。汤因比还说："中国人发现了如能被全世界人采用就会使整个世界幸福的人类生活方式，并为此进行了长达几个世纪的实践。"② 然而近代中国经历西方雷雨洗刷后百年积弱，现在正以全新的面貌重新屹立于世界东方，五千年的辉煌亟待复兴。经过几代人的努力奋斗，中国经济迅猛发展，然而精神文明整体提升尚不及经济发展脚步，所以国民道德素质问题频现、人际伦理关系危机重重，出现诸如"信仰缺失""看客心态""社会焦虑症""炫富心态""娱乐心态""网络依赖心态"和"自虐心态"等社会问题，很大程度上源于传统伦理道德教育的缺

---

① ［日］池田大作，［英］阿·汤因比：《展望二十一世纪》，荀春生，朱继征，陈国梁译，国际文化出版公司，1999，第283—284页。

② ［日］山本新，秀村欣二：《未来属于中国——汤因比论中国文化》，杨栋梁，赵德宇译，陕西人民出版社，1989，第17页。

失。中华民族全面复兴不能再是经济实力的孤军奋战，更需要中华优秀传统文化为世界培养和平分子。

"人能弘道，非道弘人。"① 只有真正的中国人，才能传承和弘扬中华文化。习主席曾经指示，中华文化的复兴在于让中国人清楚自己的"历史传统、文化积淀"②。要想弄清楚、学明白、真做到，这就要求研究中华传统文化的学者既要有理论的深度，又要有实践的力度。孔子的"学而时习之，不亦说乎"③，这是在道德提升过程中内心体会到的真实喜悦；孟子的"舍生而取义"④，这是理想坚定而自发的浩然正气；"父父，子子，兄兄，弟弟，夫夫，妇妇，而家道正"⑤，这是整齐家风；"志意定乎内，礼节修乎朝，法则度量正乎官，忠信爱利形乎下……故近者歌讴而乐之，远者竭蹶而趋之，四海之内若一家"⑥，这是治国安邦；"大道之行也，天下为公"⑦，这是和平天下。"自天子以至于庶人，壹是皆以修身为本"⑧，古圣先贤以一身带动群体，在世界之林培育起"礼义之邦，文明古国"的繁茂大树，如今更要继续深深扎根，返本开新。

"文所以载道也"⑨，中华典籍承载着无穷的智慧宝藏，唯有深入

① （唐）魏徵，褚亮，虞世南，等：《群书治要（校订本）》，中国书店，2014，第205页。
② 习近平总书记2013年11月26日记视察山东期间，专程到曲阜考察中国孔子研究院，召开座谈会时发表的重要讲话。
③ 黄侃：《黄侃手批白文十三经·论语》，上海古籍出版社，2012，第1页。
④ 黄侃：《黄侃手批白文十三经·孟子》，上海古籍出版社，2012，第67页。
⑤ （清）纪晓岚：《钦定四库全书荟要》第二册，吉林出版社，2005，第156页。
⑥ （清）王先谦：《荀子集解》，中华书局，2011，第120—121页。
⑦ （唐）魏徵，褚亮，虞世南，等：《群书治要（校订本）》，中国书店，2014，第140页。
⑧ 黄侃：《黄侃手批白文十三经·礼记》，上海古籍出版社，2012，第229页。
⑨ （明）黄宗羲，陈乃乾：《黄梨洲文集例》，中华书局，1959，第342页。

经典, 才能得识道统。《周易》是中华传统文化"大道之源", 为历代学人必读之书。孔子晚年好易, 编修六经以教弟子, 而"六经之道同归"①, 归于何处? 归于"易"。"易"表天文、地文、人文, 统三才而言道德, 所谓"冒天下之道"②。

不但六经归于"易", 诸子之道莫不发源于此, 体本为一、所用不同。简要而言,"儒家者流, 盖出于司徒之官, 助人君顺阴阳、明教化者也"③。司徒掌管教化, 通过祭祀等礼乐方式, 教导百姓追思已故先人之德。"慎终追远, 民德归厚"④, 这是儒家用蒙卦养正之圣功。"道家者流, 盖出于史官, 历纪成败存亡祸福古今之道, 秉要执本, 清虚以自守, 卑弱以自持"⑤, 史官记事记言必须客观、保持中立, 以卑微柔弱执事, 是道家用谦卦以谦卑自修而成事。而"法家者流, 盖出于理官。信赏必罚, 以辅礼制, 此其所长也"⑥, 治狱审案应明察秋毫, 有功必赏、有罪必罚, 辅助礼义教化, 令人弃恶向善, 是法家用大有卦"遏恶扬善, 顺天休命"⑦。总之, 圣人效法天道而得到人生自由, 天道运行不息, 人则可以永远效法, 这是中华文化生生不息、历久弥新的原因所在。

"人更三圣, 世历三古"⑧,《周易》作为中华文明经典之源流传至

---

① (唐) 魏徵, 褚亮, 虞世南, 等:《群书治要 (校订本)》, 中国书店, 2014, 第313页。
② (清) 纪晓岚:《钦定四库全书荟要》第二册, 吉林出版社, 2005, 第266页。
③ 《群书治要》学习小组:《群书治要译注》, 中国书店, 2014, 第1329页。
④ (唐) 魏徵, 褚亮, 虞世南, 等:《群书治要 (校订本)》, 中国书店, 2014, 第193页。
⑤ 《群书治要》学习小组:《群书治要译注》, 中国书店, 2014, 第1330页。
⑥ 《群书治要》学习小组:《群书治要译注》, 中国书店, 2014, 第1332页。
⑦ (清) 纪晓岚:《钦定四库全书荟要》第二册, 吉林出版社, 2005, 第86页。
⑧ (汉) 班固:《汉书》, (唐) 颜师古注, 中华书局, 2012, 第1353页。

今，经历三代圣人发明、发展，同时在历史长河中不断涤荡，留下真金。

上古时期之前，中华民族虽然没有文字，但是有文明、有文化。太昊氏伏羲发明"－－"（阴）"－"（阳）两爻，又以阴阳两爻画出八个三爻卦象，即☰（乾）、☷（坤）、☶（艮）、☵（坎）、☲（离）、☱（兑）、☴（巽）、☳（震），每卦三爻，称为单卦。又将八个单卦两两相重为六十四个复卦，用来"类万物之情"①。六十四卦记录了远古文明中揭示的万事万物蕴含的发展变化规律和道理，被后人称为"易"。

中古圣人周文王"拘羑里，演《周易》"②，为卦象立名、系辞，解释卦象与爻象的含义，将事物变化规律及其吉凶结果用文字表述出来，为人行事决策提供预测，并指导人们根据规律趋吉避凶。"易者，象也。象也者，像也。彖者，材也。爻也者，效天下之动者也。"③ 六十四个卦象、卦名、卦辞与三百八十四段爻辞就构成了最初《周易》的经部，简称《易经》。

下古圣人孔子晚年好"易"，"居则在席，行则在橐"④，甚至"韦编三绝"⑤，终于"观其德义"⑥，为《易经》作《彖传》《象传》《文言》《系辞传》《说卦传》《序卦传》和《杂卦传》，其中《象传》《文言》《系辞传》各有两篇，所以一共十篇，被称为《易传》，也称"周易十翼"。

---

① 徐醒民：《读易简说·儒学简说》，团结出版社，2013，第3页。
② （汉）司马迁：《史记全译》，陶新华译，线装书局，2016，第1763页。
③ （魏）王弼：《周易注》，楼宇烈校释，中华书局，2014，第248页。
④ 于豪亮：《马王堆帛书〈周易〉释文校注》，上海古籍出版社，2016，第185页。
⑤ （汉）司马迁：《史记全译》，陶新华译，线装书局，2016，第795页。
⑥ 于豪亮：《马王堆帛书〈周易〉释文校注》，上海古籍出版社，2016，第186页。

其后学者从各个角度为《周易》作注,主要有象数、义理两种注经方式。"象数"的"象"是指卦象、爻象,即卦爻所象之事物及其时位关系;"数"指阴阳数、爻数,是占筮求卦的基础。《周易》"象""数"含义不断扩展,演变成包含天文、立法、乐律、养生在内的庞杂象数学体系,后人一般以象数为探究宇宙生成规律的自然哲学。而"义理"就是经义、道理,是将宇宙真理与现实人文结合的伦理道德哲学。

据史书记载,孔子将其易学传授给弟子商瞿,汉朝时传到齐人田何(子装),又传王同(子中)、周王孙、丁宽、服生。其中王同一支先传杨何(叔元)等人,杨何又传京房、司马谈;京房传梁丘贺,梁丘贺传给儿子临,临又传给王俊。而丁宽先跟田何学易,与周王孙同门,后来又跟周王孙学古易(称为《周氏传》),而作《易说》三万言传给田王孙,田王孙又传给施仇、孟喜、梁丘贺,三人在西汉时被称为"施孟梁丘之学",皆祖田何。另在汉元帝时有一京房,师从焦延寿,学易,擅长灾异之说,传殷嘉、姚平、乘弘等人,独立为"京氏易学"。至此到西汉时期,除了列于学官的施、孟、梁丘、京氏四家易学之外,还有费直、高相两家位列学官。东汉时期六家易学只有"费学"盛行,后汉陈元、郑众、马融、郑玄、荀爽,至魏朝王肃、王弼皆传费学,其他各家逐渐衰落,陈梁时期郑玄、王弼二家列于国学。郑玄先跟从第五元学《京房易》,后跟从马融学《费氏易》,学者称郑氏主于象数;而王弼易学虽出自费学,但他所作注解"得意忘象",主于义理。唐朝时期,孔颖达为王弼注作疏,推其"独贯古今",亦主于义理;李鼎祚采集孟喜、京房、马融、荀爽、郑玄、虞翻、陆绩、干宝、王肃等三十五家之说而作《周易集解》,主于象数。至此,易学主要分为义理、象数两大学派。后义理学派以宋儒胡瑗、程伊川较为著名，象数学派以清儒惠栋、张惠言、焦循较为著名。

从实质而言，《周易》经圣人阐释天地自然的规律而引申到人伦道德之用，是将天道之源引流于人道，同时也阐释了性理之源与性命流转变化的规律，即"性命之理"①。人之所以为人的道理在于"天命之谓性"②，而"易"正是将天道的规律与人性的规律等量齐观。

"易"含三义，即"简易""变易""不易"。第一义"简易"，用简单明了的卦象，表明万事万物的规律。《周易乾凿度》解释为："易者以言其德也。光明四通，简易立节。天以烂明，日月星辰，布设张列，通精无门，藏神无穴，不烦不扰，淡泊不失。"③ 简单卦象可以描绘天文地理、自然人伦，毫不麻烦，也不会遗漏任何一物。第二义"变易"，是规律发挥作用的具体表现，在现象界表现为能量、信息、物质的交流变化。"天地不变，不能通气。君臣不变，不能成朝。夫妇不变，不能成家"，万事万物的成就和变化都需要不停交流变易，在规律的引导下，天地人伦各有定位，万变而不杂乱，丰富而有秩序，多元而和谐。如"天道下济而光明，地道卑而上行"④，太阳在天上洒下光芒，地上的植物向上生长，这是阴阳二气交感产生的变化，"天地交"⑤ 则"泰"。再如"上下交而其志同也"，上传下达而沟通志愿，上行下效而形成良好风气，上下一心则国家安定、集体团结，否则"上下不交而天下无邦也"，此为君臣（上下级）的变易之道。"男女

---

① （清）纪晓岚：《钦定四库全书荟要》第二册，吉林出版社，2005，第299页。
② （唐）魏徵，褚亮，虞世南，等：《群书治要（校订本）》，中国书店，2014，第153页。
③ （清）纪晓岚：《钦定四库全书荟要》第二册，吉林出版社，2005，第18—19页。
④ （清）纪晓岚：《钦定四库全书荟要》第二册，吉林出版社，2005，第93页。
⑤ （清）纪晓岚：《钦定四库全书荟要》第二册，吉林出版社，2005，第78页。

睽而其志通也"①，心志相通而建立家庭，家事烦琐而能分工合作，"男正位乎外，女正位乎内"，则可成和睦家庭，这是夫妇的变易之道。第三义"不易"，也是最重要的一义，这是现象界无穷变化背后不变的本体。周简子云："不易者，常体之名。"② 作为恒常不变的本体，"易"本身"清净光明，四通无碍"，"无思也，无为也，寂然不动，感而遂通天下之故"③。了悟万事万物本来为一体，"开物成物"才能带来身心和平、家庭和睦、社会和谐、国家安定，乃至天下太平。

而今学习《周易》，正是超越纷繁现象回归共同本体的光明大道。

---

① （清）纪晓岚：《钦定四库全书荟要》第二册，吉林出版社，2005，第161页。
② （清）纪晓岚：《钦定四库全书荟要》第二册，吉林出版社，2005，第19页。
③ （清）纪晓岚：《钦定四库全书荟要》第二册，吉林出版社，2005，第265页。

第一章　天地贞观：物我为一

　　《周易》以"乾""坤"开篇。"乾"意为"健"①，是天的性德，指天象运行不息。天的本体为空，有日月星辰、风雨雷电、春夏秋冬。日月交替而成昼夜，寒暑交替而成四时，昼夜交替、四时更迭，长久不息，此为天道。"坤"像地，其道为"顺承"②。大地含万物之元素，顺天应时地变化生成山川河流、树木花草、芸芸众生等，此为地道。以天地为发端，即以"乾"之"资始"与"坤"之"资生"沟通感散、交相呼应，使自然界之万物变化成形。依道而行谓"德"，"德者，得也"③。天地运行而得生养万物，万物有好生之德。圣人效法乾道坤德以养万民。圣人为何养万民？人"禀乾以成其性""禀坤以成其形"④，天地人本为一体，所以人之本性亦具备天地之道德。圣人知之，自然要行乾道坤德，此为"天地人一体"的世界观和人性论。

---

① （魏）王弼，（晋）韩康伯，（唐）孔颖达，等：《周易注疏》，中央编译出版社，2013，第13页。
② （清）纪晓岚：《钦定四库全书荟要》第二册，吉林出版社，2005，第46页。
③ （汉）郑玄：《礼记正义》，（唐）孔颖达疏，上海古籍出版社，2011，第1458页。
④ 熊十力：《乾坤衍》，上海古籍出版社，2019，第154—155页。

第一节　上天垂象，乾坤不二①

"天地之道，贞观者也。"②《疏》曰"贞，正也"，正确观察天地运行带来的万象变化，透过纷繁现象把握其中恒常不变的规律，明了万象不离乾坤，乾坤本为一体。

一、乾道坤德，化生万物

"法象莫大乎天地"，万事万物的一切现象以天地为大端，天地运行而有万物，人通过观察天地而认识宇宙人生。

天体、天气以运行不止、变化不息为常道，体现出"乾"的品质。圣人上观天文，发现日出日落、月出月落，一昼一夜，反复交替；寒来暑往、春生夏长、秋收冬藏，一年二十四节气来往不断；阴晴圆缺、斗转星移、风雨雷电、"云行雨施"变化无穷。天体运行的这种反复不止、从不间断、变化无穷的品质，被名为"乾"。"乾，上出也。"③ 这是乾字的本义，是一种向上的气象、初始的动力，"万物资始"④，万物生机的初发都依靠它。就像初春种子的萌发要突破土壤，冬眠的动物复苏时要伸展肢体等，都是生机的初显。"健，强有力也"⑤，这种

---

① 秦芳:《试论天人即一观下的乾道坤德——〈周易治要〉修身思想探析》,《贵州省党校学报》2016 年第 4 期, 第 124—128 页。按: 本节内容部分引用。
② （清）纪晓岚:《钦定四库全书荟要》第二册, 吉林出版社, 2005, 第 277 页。
③ （汉）许慎:《说文解字》,（宋）徐铉等校, 上海古籍出版社, 2012, 第 737 页。
④ （清）纪晓岚:《钦定四库全书荟要》第二册, 吉林出版社, 2005, 第 30 页。
⑤ （清）张玉书, 陈廷敬:《康熙字典》, 上海辞书出版社, 2015, 第 35 页。

运动不息的品质刚健有力，使得"品物流形""各正性命"，"乾"激发并加强万物各自顺应"性命之理"而生的动力，这是起始世界万物洋洋大观的德性。

大地纵深数百万米，以深厚稳固、承载万物为常道，体现出"坤"的品质。"坤"字"从土，从申"①，《说文》曰"土，地之吐生物者也"；"申"为"身"，物体成形的意思。圣人观察地理，发现各方土地随地势、地力情况的不同而提供万物不同的生长条件。大禹曾对九州土地情况进行过考察，总结土地有白、黑、灰、红等色，土壤有盐渍、腐殖、黏性、涂泥等质，田赋有上上、中上、中下、下下等级，物产有漆丝、海产、皮革、金属等类。这说明大地处于卑微之处，默默滋养万物，无论阳光雨露、还是阴暗潮湿之处，都有万物生存，"地之秽者多生物"②，就算是肮脏臭秽的地方，也孳生着数不清的微生物。总之，大地含藏万物、为万物生长提供资源，以包容、稳定为常道，这是厚生之道，名之为"坤"，是使万物生长、成材的德性。

"天尊地卑，乾坤定矣。"③　天在上，地在下，上下的位次自然而定。而"乾知大始，坤作成物"，天地打开混沌局面，乾坤和合，首先化生"震""巽""坎""离""艮""兑"六子，进而变化生成万物。"乾，天也，故称乎父。坤，地也，故称乎母。震一索而得男，故谓之长男；巽一索而得女，故谓之长女；坎再索而得男，故谓之中男；离再索而得女，故谓之中女；艮三索而得男，故谓之少男；兑三索而得女，故谓之少女。"④　震为雷、为动，巽为风、为入，坎为水、为月，

---

① （清）张玉书，陈廷敬：《康熙字典》，上海辞书出版社，2015，第158页。
② （明）袁黄：《了凡四训》，世界知识出版社，2015，第9页。
③ （清）纪晓岚：《钦定四库全书荟要》第二册，吉林出版社，2005，第247页。
④ （魏）王弼：《周易注》，楼宇烈校释，中华书局，2014，第260页。

离为火、为日，艮为山、为止，兑为泽、为悦，乾坤六子两两相合而成六十四卦，以父子合作为喻，模拟天地创造万事万物之道。如范子曰："道者，天地先生，不知老；曲成万物，不名巧。故谓之道。道生气，气生阴，阴生阳，阳生天地。天地立，然后有寒暑、燥湿、日月、星辰、四时，而万物备。"①

"日月运行，一寒一暑"②，地球的自转与公转带来四季的气候变化。而八卦应气节而发挥作用，"雷以动之，风以散之，雨以润之，日以烜之，艮以止之，兑以说之，乾以君之，坤以藏之"③，变化阴阳二气为万物形体。立春之后阳气生发，"东风解冻"④"草木萌动""雷乃发声"，是乾、震之功；立夏之后阳气渐盛、雨水增多，"蝼蝈鸣""苦菜秀""鹿角解"，是坎、离之功；立秋之后阳气收敛、阴气渐盛，"凉风至""白露降"而"禾乃登"，是巽、兑之功；立冬之后阳气潜藏，"地始冻""虹藏不见""雁北向"，是艮、坤之功。"动万物者莫疾乎雷，桡万物者莫疾乎风，燥万物者莫熯乎火，说万物者莫说乎泽，润万物者莫润乎水，终万物、始万物者，莫盛乎艮。"⑤

大气层包围整个地球，冷暖空气交流带来四季变化，大地随着时节春生、夏长、秋收、冬藏，天地之间乾坤二气相互交换信息、相互给予能量，"二气感应以相与"⑥，变化六子"开物成务"⑦，八卦相辅相成，"天地感而万物化生"。

① （汉）袁康：《越绝书全译》，俞纪东译注，贵州人民出版社，1996，第246页。
② （清）纪晓岚：《钦定四库全书荟要》第二册，吉林出版社，2005，第247页。
③ （魏）王弼：《周易注》，楼宇烈校释，中华书局，2014，第259页。
④ 黄侃：《黄侃手批白文十三经·礼记》，上海古籍出版社，2012，第51—64页。
⑤ （魏）王弼：《周易注》，楼宇烈校释，中华书局，2014，第260页。
⑥ （清）纪晓岚：《钦定四库全书荟要》第二册，吉林出版社，2005，第142页。
⑦ （清）纪晓岚：《钦定四库全书荟要》第二册，吉林出版社，2005，第266页。

二、仰观俯察，天人即一

"易有太极，是生两仪，两仪生四象，四象生八卦，八卦定吉凶，吉凶生大业。"① 圣人以易象刻画本体"易"，形成宇宙万物的情状，将天人即是一体的真相和盘托出。

首先，八卦以三爻表示天地人为一体，揭示出万象大类共性。"古者包牺氏之王天下也，仰则观象于天，俯则观法于地，观鸟兽之文与地之宜。近取诸身，远取诸物，于是始作八卦，以通神明之德，以类万物之情。"② 八卦三画由下而上表示地、人、天，上表天文，如阴晴圆缺、风雨雷电；下表地理，如山川河流、物性刚柔。如《说卦传》中所言：

乾为马，坤为牛，震为龙，巽为鸡，坎为豕，离为雉，艮为狗，兑为羊。③

乾为首，坤为腹，震为足，巽为股，坎为耳，离为目，艮为手，兑为口。

伏羲分析自身与万物的共同性质，并用阴阳爻搭配表示，形成八类基本元素，也就是先天八卦，高度抽象地提炼出事物的主要性质，分门别类。进而将规律推广应用于自然万物：

---

① （魏）王弼：《周易注》，楼宇烈校释，中华书局，2014，第243—244 页。
② （清）刘思白：《周易话解》，上海三联书店，2015，第406 页。
③ （宋）朱熹：《周易本义》，中华书局，2011，第264 页。

乾为天，为圜，为君，为父，为玉，为金，为寒，为冰，为大赤，为良马，为老马，为瘠马，为驳马，为木果。

坤为地，为母，为布，为釜，为吝啬，为均，为子母牛，为大舆，为文，为众，为柄。其于地也，为黑。①

震为雷，为龙，为玄黄，为旉，为大涂，为长子，为决躁，为苍筤竹，为萑苇。其于马也，为善鸣，为馵足，为作足，为的颡。其于稼也，为反生，其究为健，为蕃鲜。

巽为木，为风，为长女，为绳直，为工，为白，为长，为高，为进退，为不果，为臭。其于人也，为寡发，为广颡，为多白眼，为近利市三倍，其究为躁卦。

坎为水，为沟渎，为隐伏，为矫輮，为弓轮。其于人也，为加忧，为心病，为耳痛，为血卦，为赤。其于马也，为美脊，为亟心，为下首，为薄蹄，为曳。其于舆也，为多眚，为通，为月，为盗。其于木也，为坚多心。

离为火，为日，为电，为中女，为甲胄，为戈兵。其于人也，为大腹。为乾卦，为鳖，为蟹，为蠃，为蚌，为龟。其于木也，为科上槁。②

艮为山，为径路，为小石，为门阙，为果蓏，为阍寺，为指，为狗，为鼠，为黔喙之属。其于木也，为坚多节。

兑为泽，为少女，为巫，为口舌，为毁折，为附决。其于地也，为刚卤，为妾，为羊。

---

① （宋）朱熹：《周易本义》，中华书局，2011，第266页。
② （宋）朱熹：《周易本义》，中华书局，2011，第267页。

伏羲通过仰观俯察，在天地万物纷繁的现象中看到了背后共同的共性规律，借用符号表示天文地理、自身万物，"推天道以明人事也"①。动物界的马、人体之首、自然界的天、一家之主的父亲等人事现象，具有健壮、圆形、运转、引领等特征，抽象共性为连续不断，以"乾三连"之象"☰"表示；动物界的牛、人体腹部、自然界的大地、一家总执事的母亲等，具有驯服、接受、承载、耐劳等特征，抽象共性为随方类聚，以"坤六断"之象"☷"表示；动物界的龙、人体双足、自然界的雷、家中长男等，具有灵活、支撑、震动、勇敢等特征，抽象共性为行动有力，以"震仰盂"之象"☳"表示；动物界的鸡、人体股部、自然界的风、家中长女等，具有勤劳、利行、遍入、周道等特征，抽象共性为迅速入微，以"巽下断"之象"☴"表示；动物界的豕、人的双耳、自然界的水、家中中男等，具有温顺、善听、遍流、恭谨等特征，抽象共性为静顺就下，以"坎中满"之象"☵"表示；动物界的雉、人首双目、自然界的火、家中中女等，具有美羽、明亮、热烈、体贴等特征，抽象共性为明丽顺附，以"离中虚"之象"☲"表示；动物界的狗、人体的双手、自然界的山、家中少男等，具有忠实、操作、稳固、老成等特征，抽象共性为安稳可靠，以"艮覆碗"之象"☶"表示；动物界的羊、人首之口、自然界的泽、家中少女等，具有温顺、乐音、润物、可爱等特征，抽象共性为和润悦怀，以"兑上缺"之象"☱"表示。总之，八卦意象归为《说卦传》之言："乾，健也；坤，顺也；震，动也；巽，入也；坎，陷也；离，丽也；艮，止也；兑，说也。"

实际上八卦并不足以"类万物之情"，因为先民在通过卦象了解自

---

① 张文治：《国学治要》第八册，中华书局，2015，第179页。

然界事物的规律时,掌握了规律,开始创造出人造事物。这些事物需要八卦以外的符号表示,所以伏羲氏将单卦两两相叠,成为六十四个复卦,这样就丰富了八卦符号系统的取象内容,通过卦象规律指导日常生活的创造事务。如《系辞传》有言:"古者包牺氏……作绳结而为罔罟,以佃以渔,盖取诸《离》。"① "罔"即"网"②,"罟"亦为"网",《释文》曰:"取兽曰网,取鱼曰罟。"③ 渔猎时代的先民主要靠捕鱼打猎为生,伏羲氏根据离卦重叠"☲"之象结绳为网,阳爻为纲,阴爻为孔,如甲文"𦉰"。神农又取益卦,"斫木为耜,揉木为耒",教先民农耕;黄帝、尧、舜取乾坤卦,教先民礼乐文化,"垂衣裳而天下治"。

"圣人有以见天下之赜,而拟诸其形容,象其物宜。"④ 古圣先王观察到万物现象背后的幽深难见之理,即天地人本为一体,本体为一而形象有别。从而用阴阳变化的卦象模拟,教导先民认识自身发展规律与认识自然规律相同,从而顺应规律、使用规律,尽造化之神功为天下苍生谋福利,揭示出"万物与我为一"⑤。

其次,卦名卦辞由象入理,将每卦卦象的规律性内涵揭示出来,揭示吉凶之分并将其归于人的道德修养,吉凶不二。"☰"名为"乾",本意为"上出"⑥,从"乙",像植物弯曲生长的样子。乾卦卦体纯阳,阳气本身无法看到,但是阳气是上升的,通过万物的生长表现出来。而卦辞"元、亨、利、贞"进一步解释了这一现象。"元"字的甲骨

① 张文治:《国学治要》第八册,中华书局,2015,第246页。
② (清)张玉书,陈廷敬:《康熙字典》,上海辞书出版社,2015,第910页。
③ (清)张玉书,陈廷敬:《康熙字典》,上海辞书出版社,2015,第911页。
④ (清)纪晓岚:《钦定四库全书荟要》第二册,吉林出版社,2005,第259页。
⑤ (清)王先谦:《庄子集解》,中华书局,2012,第31页。
⑥ (汉)许慎:《说文解字》,(宋)徐铉等校,上海古籍出版社,2012,第737页。

文为"𠕋"，一横以下像人形，上面一横指示头部，原意为"头"，《说文》释为"始"。"亨"的甲骨文字形为"𠅙"，像盛祭品之器形，本意为"献"，为"进"。"利"的甲骨文字形为"𥝌"，金文字形为"𥝌"，都表示用刀收割农作物：左边是禾穗成熟垂下；右面是一把刀，意为收割；中间三个点是谷粒脱落的样子。"贞"的甲骨文为"𠁩"，上"卜"为卜，表示树杈；下"鼎"为鼎，是烹饪之器。用树杈在鼎中搅拌，好像收获粮食后烹饪调和的样子。四个字表面上把事物受阳气激发而成长变化的过程描述了出来，正如朱子说："物生为元，长为亨，成而未全为利，成熟为贞。"① 实际上"乾"为"健"，为"行不息"②，人只要健行耕作，就能够丰收食物，这就把隐含的人的道德力量展现了出来，所以天道与人德为一。勤劳是道，"道者所由"③；丰收是德，"德者，得也"④，得到是顺天道而行人事的必然结果。由于勤劳而得丰收的结果，这是乾卦卦辞所要揭示的道理。再如"震：亨。震来虩虩，笑言哑哑。震惊百里，不丧匕鬯"，由雷电威慑力联系到人处变不惊的能力。《正义》曰："圣人名卦，体例不同，或则以物象而为卦名者，若否、泰、剥、颐、鼎之属是也，或以象之所用而为卦名者，即乾、坤之属是也。如此之类多矣。虽取物象，乃以人事而为卦名者，即家人、归妹、谦、履之属是也。"⑤ 文王命名卦象体例虽然不尽相同，但都是将卦象蕴含的天人即一的感性认识上升到理性层面，进一步将天地人的形器差别打破。

---

① （宋）黎靖德：《朱子语类》卷六十八，中华书局，1986，第 1688 页。
② （清）张玉书，陈廷敬：《康熙字典》，上海辞书出版社，2015，第 8 页。
③ （清）张玉书，陈廷敬：《康熙字典》，上海辞书出版社，2015，第 1246 页。
④ （汉）郑玄：《礼记正义》，（唐）孔颖达，上海古籍出版社，2011，第 1458 页。
⑤ （魏）王弼：《周易正义》，（唐）孔颖达疏，余培德点校，九州出版社，2010，第 13—14 页。

卦象各爻又与人事联系，辨析每一时位变动的悔吝吉凶与德行相关，意在告诫人们随顺自然规律为人处事。如乾卦九三爻辞"君子终日乾乾，夕惕若厉，无咎"，处于成长阶段的人，不只要日间学习工作勤奋努力，到了晚上也要警惕，不能够放松，才能没有过咎。上九爻辞"亢龙有悔"，意在说明阳气已经完全发出，再高亢不止就会后劲不足、转阳为阴，在人事上如果身居高位而不知道有所退让，必然会有悔恨。各种自然现象会给人不同的感受，通过经验总结，人们发现不同感受带来吉凶悔吝的结果。同样的感受会产生在人事交往过程中，运用同样的规律推理，就可以知道事情趋势的吉凶。

再次，《易经》已然明示天人关系，《易传》更进一步明确揭示人性之德归于一体之用，君子运用天人即一的观念修正身心，效法古圣先贤，则可以趋吉避凶，把握自己的人生命运。《大象传》的句式很有特点，都是先以自然界的现象描述卦象，后面紧跟人事为喻，前后是对等关系。如"天行健，君子以自强不息"，将地球自转不止的自然现象，与人本然强健不息之德相提并论。这就是为什么"以"字不可轻易看过。"以"为"用"①，用什么？用"自强"。换句话说，乾的卦象表示着"乾"既是天运行不止的动力来源，也是人进德修业的动力来源。孔子在这里用的是肯定的语气，而不是"应当""应以"等劝勉的语气，即肯定乾为天人共有属性。天体秉持这一属性运行，人本来也是依靠这一属性生存、活动，是"自强"的本义，即"自性本强"。比如人在孩童时期总是活蹦乱跳、充满活力的样子。但是天体运行千古不息，人随年龄的增长产生懈怠、懒惰，这表明后天习气会覆盖本

---

① （清）张玉书，陈廷敬：《康熙字典》，上海辞书出版社，2015，第18页。

性的能量，所以《论语》说："性相近也，习相远也。"① 所以将两者并列的第二层含义就是提醒人，本性被习气遮蔽，已经不能发挥正常作用，就需要修正、纠偏。如何修正？以天道为榜样效法其德。在此意义上，"以"字后面补一"之"字，指代卦象。比如"以之自强"便是"以乾自强"，提示人要通过观察天道运行不息的特点，反思自身本有能力，觉悟到本性已然被习性束缚，从而启发内心同种属性，纠正习性中的偏差，也就是老子所说的"自胜者强"②。"自性本强"与"法天自强"两者之间是相互促进的，开始或许比较勉强，但是越用越熟，本性力量恢复越多，习性的束缚就越失去效力，开始的勉强也就真正恢复到自强的本性状态，"复，其见天地之心乎"。孔子感叹天地道德、人参天地，而旨在劝诫"君子"重视"进德修业""反身修德""自昭明德"，表达出人道仁义可以转恶为善、化凶为吉、与天地同功的宏大气象。古人洞察天地万物的赜隐几微，由天文回归人文，将人性与天道本一的真相和盘托出。

"圣人有以见天下之赜，而拟诸其形容，象其物宜。"圣人上观天文日月星辰的交替变化，下察地理山川草木的随方类聚，近观自身，远察他物，发现万事万物中幽深难测的形而上的道德本体，通过对卦象的抽象处理，让人由象入道"原始反终"③，回归本体的"无思无为，寂然不动，感而遂通"。

---

① （唐）魏徵，褚亮，虞世南，等：《群书治要（校订本）》，中国书店，2014，第207页。
② （唐）魏徵，褚亮，虞世南，等：《群书治要（校订本）》，中国书店，2014，第808页。
③ （魏）王弼：《周易注》，楼宇烈校释，中华书局，2014，第235页。

第二节　圣人行易，德合无疆[①]

圣人行仪，自古为后人榜样，学者反身自修亦成圣贤君子，王者推行圣道而化天下皆成圣贤君子，典籍所载此类如浩瀚汪洋。朱子说"易本卜筮之书"，然而经过"三圣"的阐释，《周易》已然成为圣贤君子效法天道规律格物、致知、诚意、正心以修善一身，以一身善德感化一家、一国，乃至平治天下。其中所示"修一身之德而化成天下之德"的意蕴十分明显，且以圣人的榜样力量最为突出，即于变易无穷的人事现象中，按照恒常不易的规律为人处事，"自昭明德"而"化成天下"。

"圣，通也。"[②] 圣人德配乾坤，生养民命，育化民德，"能通天下之志"[③]；以阳德位尊九五，以权位宝器利益万民。施仁履义，代天行化，是为实行易道者，本性明德不昭自明。"易"有"简易""变易""不易"三义，易道无形而见于日用云为之中。圣人行易亦有三义：简易心法、变易之道、不易定力。

一、简易心法：极深研几

圣人"极深而研几"，能够从变易无穷的现象中看到恒久不易的规

---

① 秦芳:《圣人行易——〈周易治要〉修身主体研究》,《甘肃理论学刊》2016 年第 6 期, 第 110—114 页。按:本节内容全文引用,稍有改动。

② （汉）许慎:《说文解字》,（宋）徐铉等校,上海古籍出版社,2012,第 597 页。

③ （清）纪晓岚:《钦定四库全书荟要》第二册,吉林出版社,2005,第 265 页。

律实质，把握心念几微的善恶变化，则其修身为善极其易简。《系辞传》曰"圣人有以见天下之赜"，"赜"为"幽深难见"①。天下幽隐深藏难以得见的东西是万物之理，"天下之赜，谓万物之初也"②，"赜"即"赜"，"万物之初"，在人，即言人性。圣人"极深而研几"见到人性，于是"拟诸其形容，象其物宜"，以卦象展示其本如朗朗乾坤，纯净无邪。乾坤阴阳变化如神，"知几其神乎"③，"几"是"动之微"。人性无思无为，本来不易，也可变易。人心一动则有两仪，即善恶；两仪成四象，有善中之善，善中之恶，恶中之善，恶中之恶；四象成八卦，善恶再次参伍错综；八卦相叠变成六十四卦，包罗万象，于是善恶之数无量无边、纵横交错，如一石投入水中，激起千层波浪。三百八十四爻，每一爻就是一个善恶取向、指导言行，除非寂然不动，否则无论取向何方都有善恶掺杂，且吉凶悔吝随之而来。言为心声，行为心迹，最终做成事业。在位圣人非究竟心念细微善恶之端不出言行事。因为"言出乎身，加乎民"④，一言既出则天下受令，"行发乎迹，见乎远"，天下仰之而效法从事，所以善恶之微不可不辨。"明出地上，晋，君子以自昭明德。"⑤ 明德本明，可以通晓万物之情，但为物欲所遮蔽，所以隐秘难见。而圣人见到其能与天地同辉，遂能顺天行道昭显己德，而无故意修为的痕迹，身心与天地融为一体，不修而心念言行自然皆正，德福相随。

---

① （清）张玉书，陈廷敬：《康熙字典》，上海辞书出版社，2015，第1188页。
② （清）李道平：《周易集解纂疏》，中华书局，2011，第566页。
③ （清）纪晓岚：《钦定四库全书荟要》第二册，吉林出版社，2005，第285页。
④ （清）纪晓岚：《钦定四库全书荟要》第二册，吉林出版社，2005，第259页。
⑤ （清）纪晓岚：《钦定四库全书荟要》第二册，吉林出版社，2005，第152页。

（一）起心动念，纯净纯善

"夫大人者，与天地合其德"①，圣人明辨善恶的几微差别，以天地无私光明之德守住中正心念，不使有几微之恶。

圣人以天心为己心，坚守中正。"乾：元、亨、利、贞。"② 乾体纯阳，不杂一阴，纯而又纯，是不容毫分不善间杂之象。《文言》曰："元者，善之长也。""元"者，"始"也，是乾道阳气生物之始。万物以纯阳之气滋生，而人道以仁爱生善，"不爱其亲而爱他人者，谓之悖德"③，所以百善孝为先，孝是一切美德的起点。圣人以孝心养成纯真仁爱之心，并使之不断成长壮大，由爱父母而爱一家，由爱一家而爱一国，由爱一国而爱天下，"爱人者人恒爱之"④，其结果是"亨者，嘉之会也"，"亨"者亨通，"嘉"者美善，"会"者聚集，圣人以一人纯善之心沟通天下人的善心，天下的美善聚集到一起，心心相通，是仁爱的无限亨通之象。"仁"从人从二，想到自己的同时想到他人，甚至先人后己，会用心感受他人的需要，了解到万物生长有各自适宜的方式，仁爱之心发挥作用就会以适宜的方式使万物各得其所，适宜即为"义"，以义而和，就不会有纷争斗乱，万物安稳才能得利，所谓"利者义之和也"。否则由于竞争斗争而惶惶不可终日，身心不安导致病殃，一时得利也不会长久。元而亨，亨而利，再进一步就是贞。"贞者，正也。"⑤ "正者，守一以止也。"守住最初的仁善之心，使其不因

---

① （清）纪晓岚：《钦定四库全书荟要》第二册，吉林出版社，2005，第41页。
② （清）纪晓岚：《钦定四库全书荟要》第二册，吉林出版社，2005，第26页。
③ （唐）魏徵，褚亮，虞世南，等：《群书治要（校订本）》，中国书店，2014，第189页。
④ （清）焦循：《孟子正义》，中华书局，2011，第595页。
⑤ （清）张玉书，陈廷敬：《康熙字典》，上海辞书出版社，2015，第1181页。

为外在条件的变化而改变，永远纯一不二，方能干济事业，"贞者，事之干也"。以纯一仁爱干济之事是永恒不息的，因为符合天道人心。"天不变，道亦不变"①，不忘初心，方成人间正道。

"至哉坤元，万物资生，乃顺承天。"② 圣人以坤德成就纯真仁爱之心。人人具备仁爱天心，然而环境未必纯善，常令初心不保。而"坤厚载物"，大地能够包容一切，无论花草树木，还是虫鼠污秽，且能够"含弘光大"，将所含藏的一切予以成长壮大，这是何等无私宽宏。此外坤德顺天，纯阴之气随着纯阳之气的激发而造成万物形体，所以乾道激发仁爱的初始心念，而坤道成就仁爱的德性本体。圣人以坤德包容不善，使其不能妨害自己的纯正心念。如果不能包容不善，那么仁爱之心就有了区分，不再纯一。换句话说，不善的环境污染了原本的善念，则堕落为恶意。唯有不以不同心态区别对待善恶，一切包容地仁爱，才能感化不善、转恶为善、转邪为正，如此方能成就不因有恶而变化的真正的仁德。

圣人以天地之心为己心，纯真不二、广包天下，以中正大气立于两间，成为德合天地的"大人"。

（二）出言慎始，以谦守心

言为心声，又为祸福之门，圣人言辞寡少而谦己尊人，所以受人尊敬、吉庆常随。"鸣鹤在阴，其子和之。吾有好爵，吾与尔靡之。"③ 圣人得一善言贤士，则虚心听教，以爵位尊之。如禹闻皋陶的高见，感叹之余并进一步详问"如何"，皋陶以"行有九德"提出察人任能

---

① （汉）班固：《汉书》，（唐）颜师古注，中华书局，2012，第1915页。
② （清）纪晓岚：《钦定四库全书荟要》第二册，吉林出版社，2005，第46页。
③ （清）纪晓岚：《钦定四库全书荟要》第二册，吉林出版社，2005，第259页。

的方法①。禹"敏给克勤",舜帝让他谈谈自己的功绩时,他却觉得没有什么可说的,因为只是想着勤勉工作而已。皋陶进而追问禹是怎样工作的,他才将自己治水的经历、体验讲了出来。《史记·夏本纪第二》记载:

> 禹曰:"鸿水滔天,浩浩怀山襄陵,下民皆服于水。予陆行乘车,水行乘舟,泥行乘橇,山行乘檋,行山刊木。与益予众庶稻鲜食。以决九川致四海,浚畎浍致之川。与稷予众难得之食。食少,调有余补不足,徙居。众民乃定,万国为治。"②

　　禹看到洪水包围高山、淹没丘陵,黎民百姓流离失所、生命难保,于是行遍冀州、兖州、青州、徐州、扬州、荆州、豫州、梁州、雍州等九州疏导洪水,"居外十三年,过家门不敢入"③,凭借准绳、规矩和四时季节的规律"开九州,通九道,陂九泽,度九山",为实施大型工程"劳身焦思",终于在与各诸侯国的百官、百姓通力合作下取得"九州攸同,四奥既居"④的治理成果,同时将天子之德推行天下,使舜的"声教讫于四海"。功绩如此卓著,连舜帝都称叹"地平天成,六府三事允治,万世永赖"⑤是禹的功劳,禹却对自己的功劳轻描淡写、

①　(唐)魏徵,褚亮,虞世南,等:《群书治要(校订本)》,中国书店,2014,第20页。
②　(汉)司马迁:《史记全译》,陶新华译,线装书局,2016,第23页。
③　(汉)司马迁:《史记全译》,陶新华译,线装书局,2016,第16页。
④　(汉)司马迁:《史记全译》,陶新华译,线装书局,2016,第21页。
⑤　(唐)魏徵,褚亮,虞世南,等:《群书治要(校订本)》,中国书店,2014,第22页。

寥寥数言，所谓"讷于言，而敏于行"①。寡言而慎行，功劳让与别人去说，自己保持平常心态，甚至因为明了功劳依靠众人得成而更加谦卑、不敢独享盛名。简练的言语与显著的功绩相对比，表现出禹不争功劳的品德，不矜而天下莫与其争能，不伐而天下莫与其争功，不标榜炫耀自己的成就，踏实认真地为天下福祉工作，是"厚之至"的谦德。禹天地无私的仁爱之心，能够真正造福百姓，所以舜帝将帝位禅让给他，"劳谦君子，万民服也"②。

（三）身行中正，不失小节

"行发乎迩，见乎远。"在位圣人明了自己的身行影响深远，身行即为心迹，非于细微处纯净纯善不足为万民所睹。如乾元处九五尊位，知谦退而不傲亢，如尧舜禅位让于贤德；国家存而防危亡，战战兢兢、临渊履薄，文王事殷，内明外顺，所以中正不倾，"知进退存亡而不失其正"③。

"藉用白茅，无咎"，孔子谓之"慎之至"④。苟且之人安放东西，随便一放便以为稳妥了。谨慎之人则认为不妥，比如身坐于地，如果没有草席，凉气就会进入身体，久而必伤；足履于地，不穿鞋就容易受到伤害。而放置东西时会想到衬垫白茅，虽然很薄，但是干净、防潮，用途很大，这是一种慎重的态度。平日小事都如此谨慎，那么但凡大事一定会尽心尽力，所以不会出现过咎。圣人正是从小处留意，所以大事可以无有过咎。

---

① （宋）朱熹：《四书章句集注》，中华书局，2012，第167页。
② （清）纪晓岚：《钦定四库全书荟要》第二册，吉林出版社，2005，第94页。
③ （清）纪晓岚：《钦定四库全书荟要》第二册，吉林出版社，2005，第41页。
④ （清）纪晓岚：《钦定四库全书荟要》第二册，吉林出版社，2005，第261页。

"天地以顺动，故日月不过，而四时不忒"①，天地运行但是规律不变，所以日月升落可循，四时变化有常，春生、夏长、秋收、冬藏。圣人顺时而动，春则衣青食麦、亲率播种、养幼存孤、聘士礼贤以启发生机；夏则衣朱食菽、行赏封侯、勉农耕作、均琴调竽、不斩不伐以助长正气；秋则衣白食麻、厉兵征暴、戮罪断刑、百官收敛务蓄菜积聚；冬则衣黑食黍、赏死恤孤、固疆守国、考功行罪。"大礼与天地同节"②，行大礼即施天地生生之德，四时之务井然有序，人民安居乐业，所以"刑罚清而民服"。

"观天之神道，而四时不忒。"③ 天时变换而四时如期而至，年复一年始终如一，乾坤之道运转不息，无思无为而养育万物成材，依靠的是启发万物发展本身具备德能；圣人"自昭明德"无私无求，心念中正而观天下，看到众人多不知自己本有明德而浑浑噩噩，因而设立教育启蒙明德，如伏羲画卦、神农兴耕，教人生存、育人慧命；黄帝始垂衣裳制礼、尧舜制琴瑟作善乐，而民俗美善、人心醇化；文武尊师三公、世子受教三孤，而百姓效法、五伦率正，均以至诚无私感化人心，圣人以天地之心感，生民以同心而应，"感人心而天下和平"④。《史记·周本纪第四》记载：

> 西伯曰文王……笃仁，敬老，慈少。礼下贤者，日中不暇食
> 以待士，士以此多归之。伯夷、叔齐在孤竹，闻西伯善养老，盍

---

① （清）纪晓岚：《钦定四库全书荟要》第二册，吉林出版社，2005，第95页。
② （汉）郑玄：《礼记正义》，（唐）孔颖达疏，上海古籍出版社，2011，第1474页。
③ （清）纪晓岚：《钦定四库全书荟要》第二册，吉林出版社，2005，第105页。
④ （清）纪晓岚：《钦定四库全书荟要》第二册，吉林出版社，2005，第143页。

往归之。太颠、闳夭、散宜生、鬻子、辛甲大夫之徒皆往归之。①

咸卦的卦象为艮下兑上，"山上有泽，咸"。泽与山是截然不同的物体，但是"山泽通气"，它们之间以"气"相通。山谷中川泽环绕，气息相互感应，韩康伯注："山泽通气，而云行雨施，故变化见矣。"卦体"柔上而刚下"，德行上乘之人懂得"以虚受人"，要用谦虚的态度待人接物，才能感召贤能的人才。文王在还是西伯之时就笃行仁义，不独亲其亲，还尊敬他人的父母长辈，爱护少年儿童，看得出有广博爱众的天德。人同此心、心同此理，圣人行出天心，自然可以一身行道而天下归心。对待贤人更是礼敬有加，忙于接待贤士都来不及吃饭，可见投奔之人众多。正是因为西伯能够善待长者，就连伯夷、叔齐这些受人尊崇的人物都来归附于他。太颠、闳夭、散宜生、鬻子、辛甲大夫等人也为后来救西伯于羑里、辅佐武王伐纣和周朝建立立下了汗马功劳。由此可见，有足够广大的胸怀就有敬人爱人的行动，就能感召志同道合的贤才，齐心协力地开创事业，所谓"一切福田，不离方寸；从心而觅，感无不通"②。

圣人行易，以极深研几为心要，心念端正而言行皆顺天道，能于隐微之处加以约束自身、随心中矩，崇德可配天地，如同天地化身，堪称人间楷模。正如《礼记·礼运》所言："圣人作则，必以天地为本，以阴阳为端，以四时为柄，以日星为纪。"③

---

① （汉）司马迁：《史记全译》，陶新华译，线装书局，2016，第41页。
② （明）袁黄：《了凡四训》，世界知识出版社，2015，第7页。
③ （汉）郑玄：《礼记正义》，（唐）孔颖达疏，上海古籍出版社，2011，第929页。

二、变易之道：崇德广业

圣人行易，随时变易德行的隐现，于屯难之时经纶造始，委曲求全，得以开创天地；家人正位，以孝悌家风，醇化风俗，民皆礼让；于否世俭约德行，逆来顺受，默修心性，等待天时人和而革去否世、鼎成通泰。

（一）闲邪存诚，型于家人

"父父，子子，兄兄，弟弟，夫夫，妇妇而家道正，正家而天下定。"其中，"父父"中第一个"父"为名词，是指父辈；第二个为动词，指的是行为父之道。圣人作为父母便行父母之道，只强调自身对于子女尽到父亲的慈爱和教养，并不要求子女要孝顺自己。同理，"子子"即作为子女便力行孝顺事奉父母之道；"兄兄"即作为兄姊便力行友爱弟妹之道；"弟弟"即作为弟妹便力行恭敬兄姊之道；"夫夫"即做丈夫的要尽丈夫的职责；"妇妇"即做妇人的要尽主妇的本分。总之，圣人只是修身正己、敦伦尽分，"克己复礼"而不要求其他家庭成员。如此，圣人以身行道、德化一家，家庭成员就会逐渐被感化，于无形中变化气质、各尽本分，如此便有一家严整、百业可兴，而家庭不断壮大，就会得到百姓的拥戴和效法，"一家仁，一国兴仁"①。

周家的祖先古公亶父即是如此，首先自身有德而能为家人楷模，然后孝悌传家尽显厚德，最终得到众人追随。人伦始于夫妇，亶父广施普惠、受人尊重，"正位乎外"；其妻太姜善教子而"贞顺率导，靡

---

① （汉）郑玄：《礼记正义》，（唐）孔颖达疏，上海古籍出版社，2011，第2250页。

有过失"①，善相夫而"太王谋事迁徙，必与太姜"，是"正位乎内"。夫妇琴瑟和谐、相敬如宾。二人育有三子，太伯、虞仲、季历，三子耳濡目染父母的端正品行、相敬相亲。"兄弟睦，孝在中"，一家和乐融融、德行相彰。季历之妻太任亦有婆母之德，"端一诚庄，惟德之行"，身怀昌（即文王）的时候"目不视恶色，耳不听淫声，口不出傲言，能以胎教"。因为太任身心端正，又不沾染恶色淫声，常自谦敛己，所以生子亦端正，"有圣瑞"。亶父寄予厚望："我世当有兴者，其在昌乎？"但是当时按照长幼之序，亶父不能传位给季历。太伯和虞仲体察到父亲的心思，为了能让季历继位兴周，二人"文身断发，示不可用，以让季历"，季历于是继位。周家二兄让弟、成全父愿，孝悌传家令人佩服、家风远播。后来季历又传位于昌，即西伯。西伯遵祖业、则祖法，"刑于寡妻，至于兄弟。以御于家邦"②，善行广闻于诸侯。比如虞芮两地有人争讼不能决断，要去西伯那里评理，结果到了周地看到民俗尚礼让，马上反观自省："吾所争，周人所耻，何往为？只取辱耳。"③西伯秉承祖德，不仅妻贤子孝、民俗大化，就连邻国的争执都能够平息，这是圣人以一身之德，通过父子、夫妇、兄弟、朋友、君臣（上下级）等人际关系造成的效果。

圣人行"家人"道，由夫义妇随变为父慈子孝，兄友弟恭而后长幼有序，足以化民人为家人，家人礼让之风化成民俗，足以感化邻国，以礼相让化解争讼、平和人心，进而足以安定天下。

---

① 张涛：《列女传译注》，山东大学出版社，1990，第 14 页。
② （唐）魏徵，褚亮，虞世南，等：《群书治要（校订本）》，中国书店，2014，第 55 页。
③ （汉）司马迁：《史记全译》，陶新华译，线装书局，2016，第 42 页。

（二）处屯建侯，仁及众民

"天造草昧，宜建侯而不宁。"① 圣人处于草创之世，心系天下苍生，筚路蓝缕、开创天地。

周朝的先祖弃在帝尧时为农师，教百姓稼穑而"天下得其利"②，被封号"后稷"，在尧舜禹时期就有出色的功绩。其子不窋继承父业，但因夏末时期不务农耕而失官，夏政衰而逃亡戎狄一带。至不窋之孙公刘，复修先祖之业，"务耕种，行地宜，自漆、沮度渭，取材用。行者有资，居者有畜积，民赖其庆"。周家政治德业由此兴起，公刘之子庆节在豳地建国都。传至古公亶父时，曾让国于熏育戎狄反得百姓追随。《史记·周本纪第四》记载：

> 古公亶父复修后稷、公刘之业，积德行义，国人皆戴之。熏育戎狄攻之，欲得财物，予之。已复攻，欲得地与民。民皆怒，欲战。古公曰："有民立君，将以利之。今戎狄所为攻战，以吾地与民。民之在我，与其在彼，何异？民欲以我故战，杀人父子而君之，予不忍为。"乃与私属遂去豳，度漆、沮，逾梁山，止于岐下。豳人举国扶老携弱，尽复归古公于岐下。及他旁国闻古公仁，亦多归之。于是古公乃贬戎狄之俗，而营筑城郭室屋，而邑别居之。作五官有司。民皆歌乐之，颂其德。③

屯卦，震下坎上，"云雷，屯"，云行雷动的天气变化令万物生存

---

① （清）纪晓岚：《钦定四库全书荟要》第二册，吉林出版社，2005，第51页。
② （汉）司马迁：《史记全译》，陶新华译，线装书局，2016，第39页。
③ （汉）司马迁：《史记全译》，陶新华译，线装书局，2016，第40—41页。

处境变得艰难，圣人此时"经纶"，救民于水火。熏育戎狄欲攻国取民，而民怒欲战，犹如天地间乌云密布、雷声滚滚、郁积不明、充满郁闷，这是"屯"的状态。处屯之时，古公"元亨"先正己念，考虑到战争势必两败俱伤，有悖天地生生之德，于是事事相与、处处相让，只为保民平安，甚至选择弃国以"利贞"，避免战事之殇，以身行教导百姓"勿用有攸往"，不要与熏育戎狄正面冲突、针锋相对。结果，其仁德更加远播，得到他国归附，此时"利建侯"，于是重新建制、设官理民、改变风俗，云消雷息而天地清明。古公"屯时"行易道而使周朝德政为人民所拥戴，奠定周人享朝八百载之根基①。

（三）俭德避难，否极泰来

圣人行易并非常显德行，如处于否闭世道，则俭约其德以避险难。"天地不交，否。"②阴阳二气不相交时为秋季，阳气上升、阴气下降，气渐肃杀、万物收敛。而否世"上下不交而天下无邦"，若君臣不能合力为民，而是自享荣华，不闻百姓疾苦，两极严重分化，纵有贤良义士也不得用谏，甚至遭难。所以圣明之人应收敛锋芒，以俭德等待时机。"俭"为"约"，本义是自我约束、不放纵，所谓"俭德"，不仅包括财物，还包括身行、言语，甚至名望等，都要俭到不能再俭，只能隐没行事，不可张扬。

商纣之时便是否闭不通的乱世，西伯昌"乃阴修德行善"③，默默行善，不以彰显名望、获得利益为目的，是"以俭德避难，不可荣以

---

① （清）刘思白：《周易话解》，上海三联书店，2015，第40页。按："屯。元亨，利贞。勿用有攸往，利建侯。"刘思白释句中"元亨"为正己，"利贞"为正人，"勿用有攸往"为"勿妄动"，"利建侯"为得道多人援助。

② （清）纪晓岚：《钦定四库全书荟要》第二册，吉林出版社，2005，第81页。

③ （汉）司马迁：《史记全译》，陶新华译，线装书局，2016，第37页。

禄"。商纣恃才傲物、刚愎自用，废典忘祖、荒淫滥刑的程度令人发指。当时虽有西伯昌、九侯、鄂侯等圣贤之人为三公，可是纣王非但不能尊重求教，反而妄害贤良。九侯将女儿送给纣王做妃子，但是纣王怒其不喜淫，反将其父女残杀；鄂侯强力谏诤，触怒纣王，竟被做成肉干；西伯昌听说后不禁暗自嗟叹，却被崇侯虎污蔑为谋反而遭囚羑里。纣王不仅疏远君子，还亲比小人，任用善谀好利的费中为政，而"殷人弗亲"；又用"善毁谗"的恶来，结果诸侯因此越来越疏远殷朝。正所谓"小人道长，君子道消"，世道否闭困厄如此，不得不暂避一时，退而从长计议。西伯善德早已远播，感得太颠、闳夭、散宜生、鬻子、辛甲大夫等人归附；后来虽囚羑里，但是依旧反躬修己，潜心研究上古圣人留下的六十四卦的智慧，默默积植德行；被赦免后还献出洛西以劝谏纣王废除炮格的刑罚，又征伐犬戎、密须、耆等好战之国而以武止戈，深得人心，诸侯渐渐"多叛纣而往归西伯"，为武王伐纣的天时到来提供"人和"的准备。

"时止则止，时行则行，动静不失其时，其道光明。"① 顺时而动，德行隐现自如，是圣人行易的大智慧，唯有极深研几的功夫才能做到不露痕迹地相时而动。

（四）革故鼎新，天清地宁

"泽中有火，革。"② 否塞之世的百姓处于水深火热之中，圣人此时顺应天时、民意而兴义师革命，养贤以佐助护佑百姓，终得否极泰来。商纣否世为人厌弃，周武王率师东伐至孟津，有八百诸侯叛商奔

① （清）纪晓岚：《钦定四库全书荟要》第二册，吉林出版社，2005，第 207 页。
② （清）纪晓岚：《钦定四库全书荟要》第二册，吉林出版社，2005，第 195 页。

周，希望武王伐纣，而武王认为天命未至，也就是商朝气数未尽。等到微子弃商，纣王又剖比干、囚箕子，甚至其太师、少师皆投奔周，于是武王发兵战纣王于牧野，结果"纣师皆倒兵以战，武王遂入斩纣"①，一举成功。商朝否极所以人心涣散、众兵倒戈，正如"泽中有火"，其君民成不相兼容的态势，武王顺势"革去故"，以少数人的同心同德夺取了商朝政权，所谓"顺乎天而应乎人"；然后"鼎成新"，武王释放箕子，追封比干墓，表彰商容之闾，保留纣子武庚、禄父在朝歌祭祀祖先，散发鹿台财物、巨桥粟谷以赈济百姓，"圣人养贤以及万民"。革道完成后，武王又"纵马于华山之阳，放牛于桃林之墟；偃干戈，振兵释旅，示天下不复用"。战争是为了和平，暴主即除就宜休养生息。"君子豹变"，武王一反纣王腐朽暴虐政治，而行仁德养民的王道，圣王仁君即位取代暴君"以财成天地之道"，所以"小人革面"而万民臣服、变面顺上，上下交心而通泰承平。

圣人德崇如天，所行之处无不暗合易道之妙、诸卦之德，"先天而天弗违，后天而奉天时"②。"有德此有人"，贤士同德首先与圣人相感相应、相助成事；"有人此有土"③，圣人身修家齐而后感召人民、建国设侯，久久积德，余庆足以庇荫后代，泽润万民，以一身之德变易转化为一家之德、一国之德、天下之德，所谓"盛德大业至矣哉"④。

---

① （唐）魏徵，褚亮，虞世南，等：《群书治要（校订本）》，中国书店，2014，第242页。

② （清）纪晓岚：《钦定四库全书荟要》第二册，吉林出版社，2005，第41页。

③ （汉）郑玄：《礼记正义》，（唐）孔颖达疏，上海古籍出版社，2011，第2252页。

④ （清）纪晓岚：《钦定四库全书荟要》第二册，吉林出版社，2005，第256页。

三、不易定力:持之以恒

创业不易,守成更难。天下没有一件事是恒久不变的,不变的只有天地四时运转不息,"天地之道,恒久而不已也"①。天地有恒德,所以万物有恒用,"日月得天而能久照,四时变化而能久成"。人的局限性在于寿命不能无限,但是人的无限性可以通过一代代继承人传承道统而得以实现。圣人正是"久于其道",继承古圣先王的修身之道而进德修业,得以家齐、国治,而"天下化成"。

"雷风,恒。"雷风皆是动荡不安的事物,然而恰恰在这动荡不安的状况下,圣人得以彰显其"立不易方"的恒久定力。"方"为"道",也就是前人探索出来的行事的常理常法,这是天地间不变的规律,只有在任何情况下都不舍弃,人才能立定脚跟,如舜"纳于大麓,烈风雷雨弗迷"②。立身行道经常会有各种境遇考验意志,以及对于道路前景的信心。武王伐纣得天下后夜不能寐,思考的是如何继承周朝先祖之德,代替天地保民安民。初获天下,武王虽然怀柔殷朝子嗣,将他们安置在故地安息生养,但是难免其不存逆反之心,这种隐患如同雷雨形成前的寂静,随时可能爆发。这也只是各种不安定因素之一,其余如殷朝留下"麋鹿在牧,蜚鸿满野"③的狼藉如何整理,诸侯关系如何稳定,周朝事业如何继承发展……诸种问题同时存在。武王把自己的决心告诉其弟周公:"日夜劳来,定我西土,我维显服,及德方明。"武王应对措施依旧是顺承祖先仁德,而且是进一步扩充德行,更

---

① (清)纪晓岚:《钦定四库全书荟要》第二册,吉林出版社,2005,第145页。
② (唐)魏徵,褚亮,虞世南,等:《群书治要(校订本)》,中国书店,2014,第17页。
③ (汉)司马迁:《史记全译》,陶新华译,线装书局,2016,第47页。

加兢兢业业、安民纳士、推行德教，总而言之恒守祖道。周朝以德开国，自后稷、公刘，至古公、文王，辈辈恒守养民惠民之德，修利民安民之业，武王对于这条道路深信不疑。

恒不止在一人，而在世世代代后继有人。"其人存，则其政举"①，武王过世后，周公继承了其兄遗志，同样以恒道辅佐幼主成王。周公曾跟太公望、召公奭说过："我之所以弗辟而摄行政者，恐天下畔周，无以告我先王太王、王季、文王。三王之忧劳天下久矣，于今而后成。武王蚤终，成王少，将以成周，我所以为之若此。"② 为了继承祖宗的德业，周公承受着"将不利于成王"的流言操持国政。理政初期，周公首先为成王扫除了管蔡等人伙同淮夷的造反，然后集合殷民于卫地，封康叔为君，封微子为宋国国君，以维持对殷商祖先的祭奠，最后平定淮夷活动的地区，为成王的政治树立起威信，使得天下诸侯继续归服于周。七年后待成王成人，周公便还政，"北面就臣位，翘翘如畏然"③，恒行之道在于继承余烈并使之稳定发展，而不在于是否在君位、掌政权。成王年少时周公辅政掌权，秉持祖辈一贯的作风弘传周家德业；成王德才成长能执政时，周公退居臣位同样以辅佐成王完成继承政统为主要目标。只要保证周家德业后继有人，如周公这般圣人并不在乎名位如何，而常以天地正道、祖先德行训诫成王恒守祖道，甚至不惜性命、不畏毁谤，在成王患病时祈祷自咎"奸神命者乃旦也"，至诚恳求，以自己的性命保全国君的健康，以保周朝长治久安、百姓安居乐业、天下安定和平。周公至死效忠于成王，临终遗言："必

---

① （唐）魏徵，褚亮，虞世南，等：《群书治要（校订本）》，中国书店，2014，第228页。
② （汉）司马迁：《史记全译》，陶新华译，线装书局，2016，第503页。
③ （汉）司马迁：《史记全译》，陶新华译，线装书局，2016，第504页。

葬我成周，以明吾不敢离成王。"① 足见其赤诚恳切。周公去世后，天降异象，"暴风雷，禾尽偃，大木尽拔"，成王立刻率众臣检点反省，发现周公之前为救武王而愿以身代死的祷文，终于冰释前嫌，明了周公一片赤诚，从而更加顺奉周公之德，也就是全然继承祖宗德行。父行子效，成王的风范同样为康王继承，所以有"天下安宁，刑错四十余年不用"② 的"成康盛世"。圣人行易，恒于道而不拘于形，处于顺逆境遇、高下之位皆能以德相配，方令德业推广。

心为一身之本，圣人极深研几而修心，心正则身行言动皆正，易简至极；若遇尊位则可实现德行推广，足以令天下大化，一身之德变易乾坤而天下之人普周变易，或为贤人君子，或为良民善类，是为崇德广业的理想境遇；最重要的是圣人修身不为名位所驱所以能够久于其道，不被顺逆境遇所转，定心不变，立身为人伦之轴，不易其道而传承不息。圣人行易，以易简心法、变易之方和不易定力，修善一身方能化天下为一体。

第三节　圣人设教，正己化人③

人人本具乾坤明德，"天行健，君子以自强不息。地势坤，君子以厚德载物"，将人与天地并列而称，"自强"与"厚德"即为人人本具

---

① （汉）司马迁：《史记全译》，陶新华译，线装书局，2016，第506页。
② （汉）司马迁：《史记全译》，陶新华译，线装书局，2016，第50页。
③ 秦芳：《圣人设教　德化天下——论中国传统修身教育理念》，《内蒙古民族大学学报（社会科学版）》2016年第6期，第66—71页。按：本节内容全文引用，稍有改动。

的乾坤明德。明德本来与天地同辉，天地能化生万物，人同样可以修养德能、崇德广业，所以人生价值便在于重视修身以彰显自身明德，即晋卦所说"自昭明德"。

但是"仁者见之谓之仁，智者见之谓之知，百姓日用而不知"①，并非人人明了自身明德的潜质，这是因为人"或生而知之，或学而知之，或困而知之"②，知见的迷悟深浅千差万别，所以修身程度亦有深浅差别。"生而知之"者通晓自然规律和人性道德、通达人生幸福美满的真理，"克明俊德"③ 以修身正己、"崇德而广业"④ 为人民服务，成为历代古圣先王，亦为百姓追随、效法。百姓或许不明了自身明德，但是本性驱使他们追求美善的人生、寻求人生价值的实现。

于是圣人"顺性命之理"⑤ 而作易，"富之"而后"教之"⑥，兴起生生不息的教育、礼乐文明的教化和尊崇师道的教学，以先知启后知、以先学教后学、以先觉启后觉，帮助百姓开化显示自身明德。

一、通泰天地，养育性命

"天地交，泰。后以财成天地之道，辅相天地之宜，以左右民。"⑦ 天地交合，促成天地代生万物之繁荣景象，古圣先王师法天地规律，发明改良生产工具，统筹运用财富物资，顺应四季时宜，安排生产劳

---

① （清）纪晓岚：《钦定四库全书荟要》第二册，吉林出版社，2005，第 254 页。
② （汉）郑玄：《礼记正义》，（唐）孔颖达疏，上海古籍出版社，2011，第 2013 页。
③ （唐）魏徵，褚亮，虞世南，等：《群书治要（校订本）》，中国书店，2014，第 17 页。
④ （清）纪晓岚：《钦定四库全书荟要》第二册，吉林出版社，2005，第 257 页。
⑤ （清）纪晓岚：《钦定四库全书荟要》第二册，吉林出版社，2005，第 299 页。
⑥ 《论语》有言：子适卫，冉有仆。子曰："庶矣哉！"冉有曰："既庶矣，又何加焉？"曰："富之。"曰："既富矣，又何加焉？"曰："教之。"
⑦ （清）纪晓岚：《钦定四库全书荟要》第二册，吉林出版社，2005，第 78 页。

动，发挥人类智慧改造生活。《周易·系辞传》记载:

> 古者包牺氏之王天下也，仰则观象于天，俯则取法于地，观
> 鸟兽之文与地之宜。近取诸身，远取诸物，于是始作八卦，以通
> 神明之德，以类万物之情。作结绳而为网罟，以佃以渔，盖取
> 诸离。①

上古先民"茹毛饮血，而衣皮苇"②，为求温饱出海打鱼、远行狩
猎，都是极其冒险的活动，海上天气莫测、山林野兽出没，一旦遇到
骤雨暴风、凶猛虎狼，就难保性命。为此，伏羲（即包牺氏）观察天
文，如风雨雷电，观察天气的变化规律，画卦象征天气预报变化，如
乾卦为寒、冰，震卦为雷，巽卦为风，坎卦为雨，离卦为日、为电等;
观察地理，如山泽鸟兽，研究动物的作息规律，以卦象表示方物特性，
如乾卦为马，坤卦为牛，震卦为龙，巽卦为鸡、鱼，坎卦为豕、狐，
离卦为雉、鳖、蟹、蠃、蚌、龟，艮为狗、鼠、黑喙之类的鸟，兑卦
为羊等;并用八卦定位八方:东方为震卦、东南为巽卦、南方为离卦、
西南为坤卦、西方为兑卦、西北为乾卦、北方为坎卦、东北为艮卦，
以区域划分八方品物，鸟兽性情或顺或暴，为先民捕猎活动提供参考，
则可以趋吉避凶、保全性命。伏羲还教民制作工具，比如用绳子相接、
打结、再相接，上下左右连成一片，形成了可围可捕，又能空水散气
的"网罟"，方便捕鱼、猎兽，提高了先民捕猎活动的效率，这是运用
了离卦卦象的原理。

---

① （清）刘思白:《周易话解》，上海三联书店，2015，第406页。
② （清）陈立:《白虎通疏证》，中华书局，2011，第50—51页。

从"茹毛饮血"到"网罟佃渔"，伏羲不断从天地运行的规律中得到启示，进而运用到人民生活所需。伏羲与女娲观察天地万物得以健康繁衍的规律①，"制以俪皮嫁娶之礼"②，建立夫妇正常伦理关系，改变了当时血缘婚姻导致人口素质、存活率低下的状况。伏羲又作瑟，用音乐阴阳五行的美妙波动导正人民金、木、水、火、土五种性情，帮助人们"修身理性反天真"③。总之，伏羲作为中华民族的人文始祖，设八卦为教、易知易从，以天地之生德养育了渔猎时代人民的生命，并开启了人文智慧彰显光明的篇章。

神农氏继承伏羲遗教，顺应时代变化开创农耕，进一步改造生产工具、改良生活品质、改善礼乐教化，养民之命、生民之德。《白虎通》这样描述：

> 古之人民，皆食禽兽肉。至于神农，人民众多，禽兽不足。于是神农因天之时，分地之利，制耒耜，教民农作。神而化之，使民宜之，故谓之神农也。④

渔猎时代人口素质提高进而带来人口数量的提升，所以自然界提供的食物已经供不应求了。所以神农氏"尝百草之实，察酸苦之味"⑤，选出适合人类长期食用的稻、黍、稷、麦、菽五谷。"和药济

---

① 许钦彬：《易与古文明》，社会科学文献出版社，2012，第254—257页。
② （汉）司马迁：《世本八种》，商务印书馆，1957，第278页。
③ （汉）司马迁：《世本八种》，商务印书馆，1957，第24页。
④ （清）陈立：《白虎通疏证》，中华书局，2011，第51页。
⑤ （汉）陆贾：《新语校注》，王利器校注，中华书局，2010，第10页。

人"①,用草药为人治病;并且"斫木为耜,揉木为耒"②,制造出适合耕种劳作的工具,这是益卦" ䷩ "下震为动、用犁活土,上巽为木、为人的原理,耕耨劳作自食其力,减轻了人民对于自然物资的依附。教导人民"春夏之所生"③,按天气时节进行农耕,所以"不伤不害,谨修地利,以成万物"。以"日中为市,致天下之民,聚天下之货,交易而退,各得其所"④,发展市场交易,让人民自由互通有无。这是"噬嗑"原理的应用:噬嗑卦上离为日中,下震为出、大涂,中含坎艮,像各方来的货物如山如海、供人选择。人民的物质生活水平得到极大的满足。此外,"神农作琴"⑤,以宫、商、角、徵、羽五音表达天地和乐之德,且"声音和,大声不喧哗而流慢,小声不湮灭而不闻,适足以和人意气,感人善心"⑥,令人民和睦、向善,提高了先民精神生活的品质。总之,神农氏继续伏羲生养万民之道,师法天地之德,"身亲耕,妻亲织,以为天下先。其导民也,不贵难得之货,不重无用之物"⑦,所以"衣食饶裕,奸邪不生;安乐无事,天下和平"。为人民谋求生路,像天地一样无私广阔、奉献光明财富,伏羲、神农氏就像乾坤的化身为先民指引人间正道。

继神农氏之后,黄帝、尧、舜等古圣先王继承前人事业,上古时期的物质基础得到发展的同时,先民逐渐重视精神层面的需要。"神农

---

① (汉) 司马迁:《世本八种》,商务印书馆,1957,第 278 页。
② (清) 刘思白:《周易话解》,上海三联书店,2015,第 407 页。
③ (唐) 魏徵,褚亮,虞世南,等:《群书治要(校订本)》,中国书店,2014,第 743 页。
④ (清) 刘思白:《周易话解》,上海三联书店,2015,第 407 页。
⑤ (汉) 司马迁:《世本八种》,商务印书馆,1957,第 278 页。
⑥ (汉) 应劭:《风俗通义校注》,王利器校注,中华书局,2011,第 293 页。
⑦ (春秋) 文子:《文子疏义》,王利器疏义,中华书局,2010,第 494 页。

氏没，黄帝、尧、舜氏作，通其变，使民不倦，神而化之，使民宜之"①，在继续发展农耕的基础上，加强基础设施建设，顺应时代和人民需求的变化，由此展开的是一系列设施建筑。例如，为方便人民交通出行，圣王效法涣卦"刳木为舟，剡木为楫"②；为帮助人们负重远行，效法随卦"服牛乘马，引重致远"；物资即盛、水路又通，于是效法豫卦"重门击柝以待暴客"；国家安定富强，于是效法睽卦原理"弦木为弧，剡木为矢"③ 加强武备国防；诸如此类还有效法小过卦制造杵臼，效法雷天大壮卦建造房屋等等。先民在逐步脱离禽兽之伍的同时，道德文明上提出新的要求。黄帝时，始做衣和裳，衣在上效法天为玄色，裳在下效法地为黄色，并按照分工、职业设计相宜服饰，同行之间上下亦有差别，方便人与人之间称呼、行礼、排列次序，就像天地之间万物秩序井然，这是礼仪之始；尧、舜时期礼乐不断发展，孔子曾在齐国听到虞舜之乐"韶"而"三月不知肉味"④，还说"不图为乐之至于斯也"，说明上古时期的礼乐能够给人的精神带来极大地满足，这种富足感超越了当时物质享受的快感，人心平和安稳、生活怡然自得，所以先王能够"垂衣裳而天下治"。至此，三皇五帝的"盛德大业"落实成与民生息息相关的福祉。

"生生以育"主要是保人生命、育人育德的教育观。"教"者，"上所施，下所效也"⑤，先民在圣王的带领下，辛勤劳动、自食其力，物质得以自给、不断丰富，精神文明不断提高，开发自身乾坤明德于

① （清）刘思白：《周易话解》，上海三联书店，2015，第407页。
② （清）刘思白：《周易话解》，上海三联书店，2015，第408页。
③ （清）刘思白：《周易话解》，上海三联书店，2015，第409页。
④ （清）刘宝楠：《论语正义》，中华书局，2011，第264页。
⑤ （清）张玉书，陈廷敬：《康熙字典》，上海辞书出版社，2015，第418页。

日用云为，走出蒙昧、走向光明，"蒙以养正，圣功也"①。"乾以易知，坤以简能"②，圣王的教育易知易从、方法简单所以长久有效；"易简而天下之理得矣"，简单的方法中蕴含着天地自然深邃的道理，所以能够启迪明德中的自然秩序、美善。"生生之谓易"，顺应天地自然的规律，通过辛勤劳作自食其力，发挥主观能动性，制造工具，普天之下的先民开始变化生活习俗、改变生存方式，开始按照人性道德、伦理秩序生息繁衍，"天地交而万物通也"。

二、履辨上下，礼乐化俗

"上天下泽，履。君子以辩上下，定民志。"③ 物质丰富、人口众多，便需要有秩序的生活。圣王适宜创制，参考天地上下万物秩序井然的规律，不断发展礼乐文化，安定民心。"大乐与天地同和，大礼与天地同节"④，先王根据天地之德、顺应人性正道，以礼行义、喻教于乐，通过百姓喜闻乐见的形式将"自昭明德"的修身理念化于无形，人人得以变化气质、风俗醇化，上施下效而实现全民修身的教化。使得华夏民族拥有建立"礼义之邦"的坚实基础。

礼由君王、士大夫、贵族等阶层率先遵循，再通过仪式为百姓效法，所谓"上行下效"。其内涵丰富，而实质在于"毋不敬"⑤，天地之化、圣王之育、父母之生、万物之用，无所不敬。"祭者，教之

---

① （清）纪晓岚：《钦定四库全书荟要》第二册，吉林出版社，2005，第55页。
② （清）纪晓岚：《钦定四库全书荟要》第二册，吉林出版社，2005，第248页。
③ （清）纪晓岚：《钦定四库全书荟要》第二册，吉林出版社，2005，第76页。
④ （汉）郑玄：《礼记正义》，（唐）孔颖达疏，上海古籍出版社，2011，第1472页。
⑤ （汉）郑玄：《礼记正义》，（唐）孔颖达疏，上海古籍出版社，2011，第6页。

本"①，这种敬意首先通过祭礼培养出来。"礼有五经，莫重于祭"②，祭礼缘起"人道亲亲"③ 的天然情感，即"孝"。《诗经》说，"无父何怙，无母何恃"④，父母是每个人最初的天地，子女在父母的呵护下成长，这份亲情是深厚无比的。有父母而有兄弟姐妹、亲戚九族，家族亲情上下一贯，如同"孝"字合"老""子"为一体，意为祖祖辈辈、子子孙孙一脉相承、不可分割，所以当亲人离世时，人自然产生悲戚和伤痛之感。古时人民会将亡者"厚衣之以薪，葬之中野"⑤，表示哀悼，后来圣人根据大过卦象改为"棺椁"，这是有祭礼的初始形式，是顺应人性本具的孝敬之心而自然形成的仪式。在此基础上，圣人将"孝"扩充于天下，"不独亲其亲"，因为每个人都有父母、亲人，任何人失去亲人的感受都是相同的感伤，而且很多人不仅为家族做出贡献，还为国家、民族的存亡、发展而牺牲奉献、建功立业，这些人的功德与天地恩德无异，于是有"法施于民则祀之，以死勤事则祀之，以劳定国则祀之，能御大灾则祀之，能捍大患则祀之"⑥ 的原则，尊敬那些心胸宽广、功勋卓著的先人，令人生起崇敬之心，进而以其为学习榜样。此外，国家祭礼的频率适宜，令人不烦不怠。"君子合诸天道，春禘秋尝"⑦，清明时节细雨纷纷之时，霜降凉意渐盛之时，都容易令人生起思念亲人的凄怆心情，此时进行祭祀之礼顺天时、

① （汉）郑玄：《礼记正义》，（唐）孔颖达疏，上海古籍出版社，2011，第 1878 页。
② （汉）郑玄：《礼记正义》，（唐）孔颖达疏，上海古籍出版社，2011，第 1865 页。
③ （汉）郑玄：《礼记正义》，（唐）孔颖达疏，上海古籍出版社，2011，第 1367 页。
④ （唐）魏徵，褚亮，虞世南，等：《群书治要（校订本）》，中国书店，2014，第 52 页。
⑤ （清）刘思白：《周易话解》，上海三联书店，2015，第 410 页。
⑥ （汉）郑玄：《礼记正义》，（唐）孔颖达疏，上海古籍出版社，2011，第 1802 页。
⑦ （汉）郑玄：《礼记正义》，（唐）孔颖达疏，上海古籍出版社，2011，第 1806 页。

合人心。而行礼过程养敬而止哀,既培养内心对先人高尚品质、德行节操和事业功绩的敬意,又防止悲哀过度带来的身心伤害,令人立志效法、继承德业。行礼而生起孝敬是祭礼的实质目的,即培养"善继人之志,善述人之事"①的孝敬之心,如张载所说"为往圣继绝学"者是也;而不在于祭品是否丰富。如果祭品丰富而德行不如祖先,就会给家族抹黑,招致羞辱,甚至灾祸,祭祀也是徒劳无功的,所以"东邻杀牛,不如西邻之禴祭,实受其福"②。总之,"慎终追远,民德归厚矣"③,对于家族祖先、国家先烈的祭礼慎重而简约,却能够令先灵的美德深入百姓心中、化成人们自然的作风,足以培育温良敦厚的家风。

慎始方能善终,婚礼在人伦之初培养男女乾坤互敬之德。人伦造端于夫妇,婚礼的意义非同小可,唯有君子与淑女分工协作,方可正家风、贤子孙。《礼记·昏义》云:"昏礼者,将合二姓之好,上以事宗庙,而下以继后世也。"④"好"为"女"与"子"和合,所以婚礼将没有血缘关系的两个家族通过子女联姻,旨在乾坤合璧、相互支撑,上可以祭祀祖先,下可以繁衍后代。首先,婚礼的前提为以德配偶。《诗经》开篇讲:"窈窕淑女,君子好逑。"⑤君子是有乾德的男子,淑女是有坤德的女子,有德男女可以成为良好的伴侣。男子以继承家业、光耀门楣为乾刚之德,女子以内和亲戚、教养后代为坤柔之德,乾坤合德上可报祖宗、父母之恩,下可教养圣贤子孙,以述祖德,承上启

① (汉)郑玄:《礼记正义》,(唐)孔颖达疏,上海古籍出版社,2011,第2010页。
② (清)纪晓岚:《钦定四库全书荟要》第二册,吉林出版社,2005,第240页。
③ (清)刘宝楠:《论语正义》,中华书局,2011,第23页。
④ (汉)郑玄:《礼记正义》,(唐)孔颖达疏,上海古籍出版社,2011,第2274页。
⑤ (唐)魏徵,褚亮,虞世南,等:《群书治要(校订本)》,中国书店,2014,第40页。

下、完成孝敬之道，这样的婚姻才有实质意义。其次，通过婚礼的仪节明示对于婚姻的敬慎之义。上古时期先民有黄昏抢婚之习俗，而圣人明了其利害两方面，而设立礼节取其利而避其害①，"节以制度，不伤财，不害民"②。《仪礼·士昏礼》上记载了婚礼纳采、问名、纳吉、纳征、请期和亲迎的仪节，这一过程都由男家主动下求女家，是"天道下济而光明"③；同时，女家一方面培养女子温柔贤淑的品质，另一方面谦退诚恳地向男家表示自己养女德行不足、请男家教导，是"地道卑而上行"。乾坤互敬，所以成就"柔上而刚下，二气感应以相与"④ 的和谐氛围，为夫妇日后相处奠定相敬如宾、相濡以沫的坚实基础，乾坤和合则"天地感而万物化生"。总之，"礼之用，和为贵"⑤，有夫妇而后有父子，夫妇和睦则父子有亲，而后家庭方能整齐有序、家业方可美满长久。家家和乐，则风俗醇化。

"咸，感也……圣人感人心而天下和平。"人心随着遇到的事物会产生喜怒哀乐等不同感受，比如在祭祀时会有哀伤、结婚时会感到快乐，而这些情感如果过分而得不到节制，不但会伤害身心健康，如怒伤肝、喜伤心、思伤脾、忧伤肺、恐伤肾；而且"非其性"⑥，会让人失去理智、做出不仁不义的事情，比如"乐极生悲"。所以圣人在礼仪活动中以相应的德音雅乐配合，来调节人的内心情感。《礼记·乐记》讲道：

---

① 彭林：《仪礼》，中华书局，2012，（前言）第15页。
② （清）纪晓岚：《钦定四库全书荟要》第二册，吉林出版社，2005，第231页。
③ （清）纪晓岚：《钦定四库全书荟要》第二册，吉林出版社，2005，第93页。
④ （清）纪晓岚：《钦定四库全书荟要》第二册，吉林出版社，2005，第143页。
⑤ （清）刘宝楠：《论语正义》，中华书局，2011，第29页。
⑥ （清）刘宝楠：《论语正义》，中华书局，2011，第144页。

夫民有血气心知之性，而无哀乐喜怒之常，应感起物而动，然后心术形焉。是故志微噍杀之音作，而民思忧；啴谐慢易，繁文简节之音作，而民康乐；粗厉猛起，奋末广贲之音作，而民刚毅；廉直、劲正、庄诚之音作，而民肃敬；宽裕肉好，顺成和动之音作，而民慈爱；流辟邪散，狄成涤滥之音作，而民淫乱。①

人有血气心性，能够感知外物，产生喜怒哀乐等情感。然而这些情感本身不稳定，会随着所感事物变化而发生变化，久而久之形成各种相对稳定的心态。同样，声音本出自人心，又反作用于人心：听到纤细微渺而急促的声音，人就会忧愁；听到宽和平缓、音调华丽而节奏简易的声音，人的心情就会安康和乐；听到雄伟粗狂、振奋人心的声音，会令人刚毅果敢；听到廉洁正直、端庄真诚的声音，会令人肃然起敬；听到广阔丰满、圆润美好、流利和顺的声音，会令人心生博爱慈悲；听到怪异邪乱、冗长放纵的声音，会令人淫乱。总之，各种声音会在不知不觉中变化人的气质，或善或恶。和善的音乐会令人产生和善的心志，而邪恶的音乐会令人产生邪恶的心志，于是圣王通过作乐来"反情以和其志"②。圣王区分了声音的善恶之后，首先不让人听到奸邪淫秽的声音，不让过分狂欢毫无节制的声音侵入人的内心，这样人就不会沾染惰慢邪僻的习气，"使耳目、鼻口、心知、百体皆由顺正以行其义"。然后，发出自然正常的声音，以琴瑟等悠远之音伴奏，舞动干戚，身饰羽旄，以箫管等清扬之声协奏，如此彰显乾坤"至德之光"，感动四时和谐有序，就可以显发万物本具明德之理。风

---

① （汉）郑玄:《礼记正义》，（唐）孔颖达疏，上海古籍出版社，2011，第1499页。
② （汉）郑玄:《礼记正义》，（唐）孔颖达疏，上海古籍出版社，2011，第1506页。

调雨顺、四时有序，人心安定、知足常乐，"故乐行而伦清，耳目聪明，血气和平，移风易俗，天下皆宁"①。

总之，"乐者为同，礼者为异"②。礼如同天一般明照万物，让人明了父子、长幼、男女之别，各司其职而各得其所，如同万物伦序有秩；而音乐如同大地一般沟通万物，让人感知人同此心、心同此理，相互关怀、相互扶助，如同雨林之根于地下深处相连相通。所以"同则相亲，异则相敬"③，礼乐犹如乾坤配合，教人分工是为了合作，以相亲相敬化成天下。"礼乐皆得，谓之有德"④，圣人通过制礼作乐，顺应人心性情，化恶为善，以文明德，是为礼乐文明的教化。

三、蒙以养正，尊师劝学

"山下出泉，蒙。君子以果行育德。"⑤ 人虽有乾坤明德，但是无人教导便不得而知，犹如山下刚刚流出的泉水，不知何去何从。于是圣王尊崇德行高尚之人为师，以启发百姓修明明德。

首先，"匪我求童蒙，童蒙求我。"面对天地自然，人是何等渺小与无知，所以天地是人类共同的老师。人效法天地劳作而有丰足衣食、家庭和睦、社会良序，圣王以祭祀表达对于天地恩德的尊崇感恩之义，同时教化百姓学习天地之德为做人的根本品质。比如《礼记·郊特牲》记载：

---

① （汉）郑玄：《礼记正义》，（唐）孔颖达疏，上海古籍出版社，2011，第1507页。
② （汉）郑玄：《礼记正义》，（唐）孔颖达疏，上海古籍出版社，2011，第1470页。
③ （汉）司马迁：《史记》，韩兆琦译注，中华书局，2012，第1908页。
④ （汉）郑玄：《礼记正义》，（唐）孔颖达疏，上海古籍出版社，2011，第1458页。
⑤ （清）纪晓岚：《钦定四库全书荟要》第二册，吉林出版社，2005，第55页。

天子大社，必受霜露风雨，以达天地之气也……社，所以神地之道也。地载万物，天垂象，取财于地，取法于天，是以尊天而亲地也，故教民美报焉。家主中溜而国主社，示本也。唯为社事，单出里。唯为社田，国人毕作。唯社，丘乘共粢盛。所以报本反始也。①

天子用于祭祀土地的"大社"是露天之地，天子在这里亲自耕作，所以必定经受霜露风雨，风雨可以使万物生长，霜露可以使万物成熟，所以大社通达天地的阴阳之气而获得丰收，用以祭社。祭社是为"神地之道"，"神"，从示从申，"申，即引也"②，也就是通过大社的祭祀来引申彰明大地的坤德③。大地含藏万物种子，天以乾德引发万物生长，就垂示人类如何使用大地的财富，而人效法天时四季早晚，根据日月星辰的提示而顺时耕作，就可以得到大地财富的使用权。天子遵循天道垂示的自然规律，亲自体验开发利用大地财富的劳作，以尊天亲地获得的丰收，来教导百姓心怀天地之德而感恩图报。卿大夫之家于中溜祭祀土地，国家于社祭祀土地，这是用来显明对于立家立国之生养根本的敬重。所以祭社时，全里每家出一人参加；为祭社而打猎时，全都城的人都出动；祭社时，按照丘乘④分配大社产出的米，专门用于祭社，人不可食用。这样的祭祀隆重而简约，通过这些活动来表达对于天地生生之德的报答，同时让人学会师法自然，以勤劳自强、

---

① （汉）郑玄：《礼记正义》，（唐）孔颖达疏，上海古籍出版社，2011，第1054页。
② （清）张玉书、陈廷敬：《康熙字典》，上海辞书出版社，2015，第802页。
③ 此处"神"作动词，清人孙希旦的《礼记集解》云"欲明地之贵"者是其义。（清）孙希旦：《礼记集解》，中华书局，2010，第686页。
④ 按井田制，九夫为一井，四井为一邑（36人），四邑为一丘（144人），四丘为一乘（576人）。

厚德载物作为人立身的根本品德。

其次，"人不学，不知道"①，古代圣王天子为了寻求天道的真谛以惠及百姓，而遍访乡野圣贤，尊为帝师。《吕氏春秋》有言：

> ……古之圣王未有不尊师者也。尊师则不论其贵贱贫富矣。②
>
> 神农师悉诸，黄帝师大桡，帝颛顼师伯夷父，帝喾师伯招，帝尧师子州支父，帝舜师许由，禹师大成贽，汤师小臣，文王、武王师吕望、周公旦，齐桓公师管夷吾，晋文公师咎犯、随会，秦穆公师百里奚、公孙枝，楚庄王师孙叔敖、沈尹巫，吴王阖闾师伍子胥、文之仪，越王勾践师范蠡、大夫种。此十圣人六贤者，未有不尊师者也。③

古代圣王尊崇老师是因其德行，而非出身。他们有的是隐士，如子州支父、许由；有的为野耕出身，如小臣（伊尹），而"汤三使往聘之"④；有的出身没落官家而始终刻苦学习、通晓天文地理，如吕望，也就是被周文王尊为"尚父"的姜尚；有的做过微贱的商人，如管夷吾，后被齐桓公尊为"仲父"；也有自己的亲人，如周公旦为文王之子、武王之弟；有的是囚徒，如百里奚"身举五羖，爵之大夫"⑤ 等等，确实是"不论贵贱贫富"。这些出身不同的人却有共同的特点，即

---

① （汉）郑玄：《礼记正义》，（唐）孔颖达疏，上海古籍出版社，2011，第1424页。
② （战国）吕不韦：《吕氏春秋新校释》，陈奇猷校释，上海古籍出版社，2011，第198页。
③ （战国）吕不韦：《吕氏春秋新校释》，陈奇猷校释，上海古籍出版社，2011，第207页。
④ （清）焦循：《孟子正义》，中华书局，2011，第654页。
⑤ （汉）司马迁：《史记》，韩兆琦译注，中华书局，2012，第3735页。

通晓天道人文、为君之道，并且是修身正己的圣贤君子，往往"不争轻重尊卑贫富，而争于道"①，如果没人请求则不会与世人竞争高官爵位，没人求教也不会轻易教人，所以在位之君孜孜以求、无比礼敬。而尊师之礼全在恭敬，就算是天子向老师求教，也不以君南臣北的上下之礼相见，而是行东西主宾之礼，《礼记》有云："大学之礼，虽诏于天子，无北面，所以尊师也。"② 武王曾召见其师尚父问"黄帝、颛顼之道"，尚父先让武王斋戒三日净化身心，之后二人穿戴礼服"端冕"，尚父手捧《丹书》，靠屏风而立，武王下堂南面而立，这时尚父说："先王之道不北面"，于是武王西行至东面而立，尚父才开始于西面讲授书中的内容。所以圣王尊师重在寻求天道、先王遗教，只有内心充满诚敬，方可受教、学到真实学问，这种诚敬既通过尊师礼仪表现，也由此培养。九五之尊尚能够尊师重道，所以可带动民众效法，所谓"师严然后道尊，道尊然后民知敬学"。《说文》释"学"为"觉悟"③，因为尊师而学的是天地乾坤道德，也就是人性本具明德，只是"学而知之者"需要通过学习的方式得以显现，"使先知觉后知，使先觉觉后觉"④，所以圣王以尊师学道为榜样，则人民皆知天道之尊，学后而知本性至善，遂起修身立德之风。

再次，圣王自身尊师以学道，同时重视培养继承人，于天下寻求圣贤而专立"三公""三孤"辅佐教导世子。圣王"立太师、太傅、

---

① （战国）吕不韦：《吕氏春秋新校释》，陈奇猷校释，上海古籍出版社，2011，第198页。
② （汉）郑玄：《礼记正义》，（唐）孔颖达疏，上海古籍出版社，2011，第1443页。
③ （清）张玉书，陈廷敬：《康熙字典》，上海辞书出版社，2015，第218页。
④ （清）焦循：《孟子正义》，中华书局，2011，第671页。

太保，兹惟三公"①：太师是天子效法的榜样，"师也者，教之以事而谕诸德"②；太傅"审父子、君臣之道"③，为天子示范行礼；太保"慎其身以辅翼之"，帮助天子"归诸道"，三公"论道经邦，燮理阴阳"为群臣之首。又立"少师、少傅、少保，曰三孤"，此三者辅助三公④，如"少傅奉世子以观太傅之德行而审谕之"，也就是提醒天子落实三公的教诲。"三公""三孤"不但辅佐圣王本人，还同时教导世子，《群书治要·礼记》有言："凡三王教世子……立太傅、少傅以养之……太傅在前，少傅在后，入则有保，出则有师，是以教谕而德成也。"如此教学，我们看到文王为世子时，就已经养成乾健坤厚的模范：

> 文王之为世子，朝于王季日三。鸡初鸣而起，衣服，至于寝门外，问内竖之御者曰："今日安否，何如？"内竖曰："安。"文王乃喜。及日中又至，亦如之。及暮又至，亦如之。其有不安节，则内竖以告文王，文王色忧，行不能正履。王季复膳，然后亦复初。食上，必在视寒暖之节；食下，问所膳。然后退。

文王日朝父亲王季三次：公鸡初鸣，也就是凌晨三四点，他便起床洗漱梳头，"衣服"则是穿戴礼服，《内则》曰"冠、绥、缨、端、

---

① （唐）魏徵，褚亮，虞世南，等：《群书治要（校订本）》，中国书店，2014，第34页。
② （唐）魏徵，褚亮，虞世南，等：《群书治要（校订本）》，中国书店，2014，第139页。
③ （唐）魏徵，褚亮，虞世南，等：《群书治要（校订本）》，中国书店，2014，第138页。
④ （清）王先谦：《尚书孔传参正》，中华书局，2011，第855页。

毕、绅、缙、笏"①，先加礼冠，令绥饰垂于冠缨下，然后穿着玄端服，系上蔽膝，束上绅带，带间插带记事用的笏版，此外，左右还佩戴父母常用的物品，每日如此、健行不已；父亲寝食安否，文王皆顺其所感，食上食下，又必亲自察视、询问，行孝如大地般踏实、体贴。"知为人子，然后可以为人父"②，由于文王侍奉父亲勤劳不懈、无微不至，所以他的儿子武王也遵循效法，"文王有疾，武王不脱冠带而养；文王壹饭，亦壹饭；文王再饭，亦再饭"③，父慈子孝则父子乾坤定位；同时，世子又为国君的臣子，"知为人臣，然后可以为人君"，忠心侍奉国君，国君事臣以仁，则君臣乾坤定位；无论事父或事君，"知事人，然后能使人"，能够奉事亲人，又能奉事上级，自然树立起为父、为君的威信，同时成为子辈、臣下的榜样，教导他们为子为臣的正确态度和处事方式，自然可以令出即行。所以说，世子的所作所为之所以是国人的榜样，"行一物而三善皆得"，身行子道、臣道、长幼之道，国人看到而自然懂得父子、君臣和长幼应该遵循的规则，国治而威震，"一有元良，万国以贞"，都是因为圣王尊崇三公、三孤的教学。

"蒙以养正，圣功也。"中国古人以尊天道而行人事者为圣王，而圣王又以祭祀大典表示尊天地为师，并设置家塾、党庠、术序、太学以天道教化百姓、选拔官员，于是天道成为华夏共同尊崇的价值标准，

---

① （唐）魏徵，褚亮，虞世南，等:《群书治要（校订本）》，中国书店，2014，第142页。

② （唐）魏徵，褚亮，虞世南，等:《群书治要（校订本）》，中国书店，2014，第139页。

③ （唐）魏徵，褚亮，虞世南，等:《群书治要（校订本）》，中国书店，2014，第138页。

求教学道成为国家建立、领导百姓的先行前提。上古至禹均为禅让制，"大道之行也，天下为公，选贤与能"①，帝位传贤不传家；自夏禹传位于子启②，而后变为世袭制。自此，为保障继位世子能像先王那样贤圣，历代君主在天下范围内寻找圣贤人并尊其为国师，也就是亲自教导世子天道人伦的"三公"，同时设置"三保"辅助世子落实老师教诲。"师"的地位之所以高，是因为他们传授的是亘古不变、恒存人心的天理良知。尊师实为尊道，天子率先尊师学习、效法天道，所以成其为天子。天子尊敬国师、遵循教诲，为天下示范，启发百姓学习，形成了中华民族尊师学道以修身的优良传统。

---

① （唐）魏徵，褚亮，虞世南，等：《群书治要（校订本）》，中国书店，2014，第140页。

② 据《史记·夏本纪》记载，禹的儿子启因为贤德为诸侯拥护，所以得以继位，因此"家天下"并非禹的主观意志，而是客观要求。

第二章　体用无穷：万变归宗

本体为一，然后化身无数，所以作用无穷。自古以来，以易道修身者被称为圣人、贤人、君子。圣人与易完全合一，贤人与君子对于易的体悟深浅有所不同，所得成就也就有广狭之分。贤人体察圣道，足以凭借自身能力落实圣人心意，福泽万民；君子虽能力有限但勤学不辍，亦能带动普罗大众向往圣贤，凡所作为皆不出易道同体之用。

第一节　贤人合易，辅上化民

"圣人养贤，以及万民"①，贤人的道德修养及其发挥的作用不可小觑。圣人虽然具有乾坤元德，身居高位为万民瞩目，但要做到无为而治、化成天下，必须有众多贤人辅佐，在具体事业中才能发挥才干。

一、贤人修己，成就六德

"贤人"之名于《周易》中多处可见，其与圣人是何种关系？《说

---

① （清）纪晓岚：《钦定四库全书荟要》第二册，吉林出版社，2005，第126页。

卦》有言："乾，天也，故称乎父。坤，地也，故称乎母。震一索而得男，故谓之长男。巽一索而得女，故谓之长女。坎再索而得男，故谓之中男。离再索而得女，故谓之中女。艮三索而得男，故谓之少男。兑三索而得女，故谓之少女。"① 以父母与子女的关系为喻，道出乾坤为圣人修身行易的无为境地。乾坤两卦阴阳相与而成六经卦，即震、巽、坎、离、艮、兑，皆从元德分生，一卦一德，又一德一用，从无入有，是贤人的境地。贤人效法天地圣人，虽然未达乾坤无为之境，但亦修成震雷修省、巽风顺齐、坎水利物、离火明善、艮山止恶、兑悦成说等德。

(一) 震雷修省

贤人效法震卦常有居安思危的忧患意识，害怕自己德行欠佳而反身修省、改过迁善。震卦卦象为"☳"，一阳生于下二阴动于上，为"雷"②。犹如春雷一响万物复苏，巨雷一声"震惊百里"③。震在人，即"恐惧修省"之德，"震。亨。震来虩虩，笑言哑哑，震惊百里，不丧匕鬯。"④ 春雷震响是生生不息的现象，自然可以亨通。"虩虩"是恐惧的样子，贤人首先常常警醒戒惧所以能够谨言慎行、不敢轻慢；一言一行都有章有法，连笑声都是哑哑然的安适自得、泰然自若。进一步而言，平日能够居安思危、未雨绸缪，遇到危难时才能心中有主，如在祭祀大礼之时遇到迅雷般的巨变，依旧能够安稳操持，不至于由于惊恐而丧失手中祭器，寓意可以安定社稷。这是因为平日居安思危

① （魏）王弼：《周易注》，楼宇烈校释，中华书局，2014，第 260 页。
② （魏）王弼：《周易注》，楼宇烈校释，中华书局，2014，第 261 页。
③ （清）纪晓岚：《钦定四库全书荟要》第二册，吉林出版社，2005，第 204 页。
④ （清）刘思白：《周易话解》，上海三联书店，2015，第 287 页。

而练就心神安宁、处事泰然，所以闻惊而不惧，则足以胜任守护宗庙社稷的大任。再者，"震"又为"决躁"，"决"为"疾貌"或"小飞"①，"躁"也为"疾"②，都是表现雷鸣的迅速远闻。在人，行动疾速、雷厉风行，则可以震撼人心。最后，"震"又为"威"③，贤人务在积植德行、端正身心，自然树立威望，令人肃然起敬。"万物出乎震。"④ 震德之能为"出""动"，即震动人心而生出善意而成善行，贤人因此能够启发百姓修善积德。

（二）巽风顺齐

贤人效法巽卦卑顺谦下，于人事则能恒顺人心、和睦万民。巽卦卦象为"☴"，一阴伏于二阳之下，表示风，意为"卑顺"⑤，贤人法之，卑己尊人。微风能入细微之处，而大风能偃仆万物，所谓万物"齐乎巽"。"齐也者，言万物之絜齐也"，如在春末夏初的时候，温热的风吹过大地，草木皆如受到号令一般齐齐生长，贤人恭敬谦和之德也如春风般温暖人心，渐渐深入而默然变化。"君子之德风，小人之德草。草上之风，必偃。"⑥ 所以，巽的重卦"以卑顺为体，以容入为用"⑦。因为有谦顺之德，则与上无违，待下无逆，上下通过巽德贤人的协调而和睦无争，所以上有号令先由贤人拳拳服膺而落实行动，继

---

① （清）张玉书、陈廷敬：《康熙字典》，上海辞书出版社，2015，第 556 页。
② （清）张玉书、陈廷敬：《康熙字典》，上海辞书出版社，2015，第 1214 页。
③ （清）张玉书、陈廷敬：《康熙字典》，上海辞书出版社，2015，第 1364 页。
④ （魏）王弼：《周易注》，楼宇烈校释，中华书局，2014，第 259 页。
⑤ （清）张玉书、陈廷敬：《康熙字典》，上海辞书出版社，2015，第 269 页。
⑥ （宋）朱熹：《四书章句集注》，中华书局，2012，第 138 页。
⑦ （魏）王弼：《周易正义》，（唐）孔颖达疏，余培德点校，九州出版社，2010，第 317 页。

而下达万方，百姓皆能恬然敦行。如《象传》曰"重巽以申命"①，贤人以巽德而使圣人教令传达百姓之耳、深入人心。

（三）坎水利物

贤人效法坎卦修无私利物之德，不图自我安乐。坎卦卦象为"☵"，一阳居于两阴之间，为坎陷中满之象。坎为水，"水善利万物而不争"②，这是默默奉献之德。贤人同样在人民各行各业中默默付出、不求回报。水一定会填满坑坎再继续流动，"不盈科不行"③。贤人同样心甘情愿地支援偏远困难地区，不为自身享受，而为百姓谋幸福，鞠躬尽瘁，死而后已。《说卦》言坎为"劳卦"，是"万物之所归"。贤人就像水流源源不断地涌向坑坎，勤劳不懈地奉献力量、利益百姓，因此可以得到百姓的拥戴、归附。所以《象传》曰："水洊至，习坎。君子以常德行，习教事。""习坎"为"重险"，贤人以恒常不变的奉献、付出行事，在各种困难中磨练坚定的意志、过硬的本领，才能真正为百姓做事，成为榜样。"教"意为"上所施，下所效"④，贤人的一言一行无形中令人耳濡目染，如水润大地一般滋润百姓的心田，凭借此德促进百姓增长善心、多行好事，潜移默化中改善民俗、营造良序社会。

（四）离火明善

贤人效法离卦明辨善恶，择善而从。离卦卦象为"☲"，以一阴而

---

① （魏）王弼：《周易注》，楼宇烈校释，中华书局，2014，第208页。
② （魏）王弼：《老子道德经注校释》，楼宇烈校释，中华书局，2011，第20页。
③ （宋）朱熹：《四书章句集注》，中华书局，2012，第356页。
④ （清）张玉书，陈廷敬：《康熙字典》，上海辞书出版社，2015，第418页。

居两阳之中，内虚而外明，"为火，为日，为电"，皆有明照显赫之德。首先，贤人明智，善于观善、择善，如太阳一般显现天下万善，"择其善者而从之"①，闻一善便拳拳服膺、修为己德。其次，贤人明辨于恶，先以电光之速直断恶言恶行，不容毫分不善间杂；后助人断恶修善，令善德之闻久于百姓中间口口相传。所以《象传》曰："离，丽也。日月丽乎天，百谷草木丽乎土，重明以丽乎正，乃化成天下。"②王弼注"丽，犹著也。"就像天空能为日月星辰提供无垠苍穹为幕，土地能为百谷成熟、草木繁茂提供广阔环境，贤人以重离之明将正人君子的美德善行彰显于天下，令人人都能受到感化，创造天下和平。

（五）艮山止恶

贤人效法艮卦进退有时，以止己之恶为立身之本。艮卦卦象为"☶"，以一阳居两阴之上，"艮为山"③，像山体恒静，为止息稳定之意。贤人心境安定而德行恒常。林则徐曾言："壁立万仞，无欲则刚。"艮德所止唯在物欲，凡人为恶皆因财色名利等欲望熏染本心而成，贤人见此便知停止，"不见可欲，使民心不乱。"④ 如此止息恶念，以善立身。艮德行止有时，并非人人皆能于物欲面前自觉停息，所以恶念时有，贤人法此，对于人之常情也能恬然容受。贤人严于律己、宽厚待人，如《象传》曰："时止则止，时行则行，动静不失其时，其道光

---

① （宋）朱熹：《四书章句集注》，中华书局，2012，第98页。
② （唐）魏徵，褚亮，虞世南，等：《群书治要（校订本）》，中国书店，2014，第5—6页。
③ （魏）王弼：《周易注》，楼宇烈校释，中华书局，2014，第261页。
④ （魏）王弼：《老子道德经注校释》，楼宇烈校释，中华书局，2011，第8页。

明。"① 贤人以艮德止恶，对己则止于视财色名利如不见；对人则通融大度，让行几分并适时以善相劝，等待人性良知自我发现时再行止道。因此贤人所行之处不会令人心生反感，又能转恶为善，"万物之所终而所成始"②，天下人民都能终止行恶而开始行善，所以前途光明无限。

（六）兑泽成悦

贤人效法兑卦表彰善心善果、代民受苦，令人欢喜愉悦、慕善而从。兑卦卦象为"☱"，一阴进于二阳之上，"兑"意为"说"③，通"悦"，为喜悦之象，为泽、为秋。《说卦》言："兑，正秋也，万物之所说也。"④ 正秋节气万物成熟，田野金黄，果实满树，到处充满丰收的喜悦。贤人善德成就大业，令天下人看到修德的善果，皆发起信心而到处传颂。贤人带头以易道修身而成德成业，虽然辛苦劳顿，但是结果令人向往，人民效法就不会计较劳心劳力。《象传》曰："说以先民，民忘其劳。说以犯难，民忘其死。说之大民劝矣哉！"⑤ 贤人带头克服困境而甘之如饴，人民也会不畏牺牲，共克时艰。总之，贤人善于以善果劝导人民行善积福，德业愈大，百姓愈乐意跟随，彼此都有"死生契阔，与子成说"⑥ 的默契和信任。

综上而言，圣人行易道运乾坤元德于无形，为万德始生之资；而贤人效法"以之为劝为威，为行为藏，为内治为外图，成震、巽、坎、

---

① （唐）魏徵，褚亮，虞世南，等：《群书治要（校订本）》，中国书店，2014，第8—9页。
② （魏）王弼：《周易注》，楼宇烈校释，中华书局，2014，第260页。
③ （清）张玉书，陈廷敬：《康熙字典》，上海辞书出版社，2015，第51页。
④ （魏）王弼：《周易注》，楼宇烈校释，中华书局，2014，第259页。
⑤ （清）纪晓岚：《钦定四库全书荟要》第二册，吉林出版社，2005，第227页。
⑥ 程俊英，蒋见元：《诗经注析》，中华书局，2013，第79页。

离、艮、兑之大用"①。贤人修身或具一德、二德,乃至六德,各以其德辅佐圣人。贤人群贤汇聚与圣人道同相应,乾坤元德与六子两两相重能成六十四德、三百八十四细行,"鼓之以雷霆,润之以风雨"②,使无形之德入于有形之业,八卦相荡而成万德万业。如此以往,圣贤共事可为重重无尽的事业,以万方百姓各自喜闻乐见的方式启发良知良能。

二、贤人辅上,合成易道

贤人效法天地圣人的乾坤之德,成六德而居于下位辅佐圣人上位者,先以共同愿景表彰向上与天同德之志,再由法地厚德容民畜众而保国安家,进而师法天地定位之象理顺人伦、社会秩序,修德所为符合易道。所谓"合"有三义:一曰"同"③,志同道合;二曰"聚",众人聚合;三曰"配",分门别类、协调配合。

(一)天与火,志同则合

贤人崇天乾德,以离明之志追随。"天与火,同人。君子以类族辨物。"④ 同人卦卦象为"☲",离下乾上。火燃烧有向上升腾的性质,与天相应,是"同人"之意。同时,六二在下体居中当位,九五在上体亦居中当位,六二与九五呼应,贤人以离火明善之德呼应圣人刚健乾德,建立共同愿景。

---

① (清)王夫之:《周易外传》,中华书局,2011,第160页。
② (清)纪晓岚:《钦定四库全书荟要》第二册,吉林出版社,2005,第248页。
③ (清)张玉书、陈廷敬:《康熙字典》,上海辞书出版社,2015,第102页。
④ (清)纪晓岚:《钦定四库全书荟要》第二册,吉林出版社,2005,第83页。

　　圣人以乾德处上体，首立明朗高远之志。乾德为"万物资始"①，"始"意为"初"②，在人，即为初心、志向、理想、信念。"志不立，天下无可成之事。"③ 如孔子以"老者安之，朋友信之，少者怀之"④为志，虽在鲁国不得重用，但是周游列国从不言苦，陈蔡绝粮由能援琴而歌，一生虽不得权位施展抱负，但是老年回归故里仍旧不放弃理想，修整经书"学而时习之"⑤，培养学生"皆入孝出悌，言为文章，行为仪表"⑥，将大同理想及其实现原理、方法、经验、效果传授后人，成为"万圣先师"，照耀中华民族两千余年。再如范仲淹青年时代划粥断齑寒窗苦读，立志不为良相则为良医，要为救人奉献终身，有"先天下之忧而忧，后天下之乐而乐"的豪情，所以有"出将入相"的业绩。

　　贤人以离火明善之德处于乾下，与上体构成"同人"之志。"离，丽也"⑦，王弼注"丽，犹著也"，重离之德在于能够彰显它物之德。同人九五位是以崇高之志居于高位，本体为乾卦九五"飞龙在天"，但是必须"见大人"方有"利"。所谓"大人"即大德贤人，此处为六二爻，即能与上位志同，又能柔处卑位，其德如离卦，内虚而外明，外则志向与乾相应，内则甘居下位、彰显上位之志。如刘邦欲为天下诛无道暴秦，天下豪杰"同声相应"。陈胜、项梁起义之时，刘邦率军由西面路过高阳，一直深居简出的"狂生"郦食其当时为门卒，见多

---

①　（清）纪晓岚：《钦定四库全书荟要》第二册，吉林出版社，2005，第30页。

②　（清）张玉书，陈廷敬：《康熙字典》，上海辞书出版社，2015，第194页。

③　（明）王阳明：《王阳明全集》，浙江古籍出版社，2010，第1021页。

④　（宋）朱熹：《四书章句集注》，中华书局，2012，第82页。

⑤　（宋）朱熹：《四书章句集注》，中华书局，2012，第47页。

⑥　（汉）刘安：《淮南子》，中州古籍出版社，2012，第317页。

⑦　（清）纪晓岚：《钦定四库全书荟要》第二册，吉林出版社，2005，第134页。

了经过这里的将士，但是唯见"沛公大度"①，于是托人求见。见面那天，刘邦正坐在床边伸着两腿让两个女子洗脚，郦食其便作了个长揖而没有俯身拜下，问道："足下欲助秦攻诸侯乎？且欲率诸侯破秦也？"② 郦食其自小家境贫寒，对于底层人民的疾苦最为理解，他自然是认定诸侯是要讨伐暴秦的，而且看中了刘邦的豪迈之气。但是听说刘邦向来不敬儒生，此时又看到他如此不拘小节，不抓紧时机谋大事，也没有求贤的正确态度，所以故意反问他是要助纣为虐还是替天行道，目的是激怒他，提醒他不要目中无人。果然刘邦大骂："竖儒！夫天下同苦秦久矣，故诸侯相率而攻秦，何谓助秦攻诸侯乎？"这一怒正好激发刘邦灭秦的斗志，也表明了自己为民除害的志向。于是郦食其顺势表明自己与刘邦志同道合，只是要改一改他倨慢无礼、亵慢长者的毛病，说道："必聚徒合义兵诛无道秦，不宜倨见长者。"此言一出，刘邦马上心领神会，明白应该以礼求贤。于是幡然改过，立刻停止洗脚、整理衣裳，并把郦食其请到上座，还向他谢罪。自此郦食其追随刘邦，用计攻克陈留，得到大批军粮，后又劝秦将归降，不战而攻下武关，还在楚汉争战的后期游说齐国归顺，以其三寸之舌为刘邦的统一战线做出了重大贡献。

圣贤通志并非总是一团和气，可见同人之道在乎心而不在于形迹。"同人，先号咷而后笑。"③ 开始或许出现争吵、不合，但是"或出或处，或默或语"并不计较方式方法，只要达到"二人同心"的效果，其利就可断金。乾卦与离卦相合为一体可以得同人的大用，大志之人

---

① （汉）班固：《汉书》，（唐）颜师古注，中华书局，2012，第13页。
② （汉）司马迁：《史记》，韩兆琦译注，中华书局，2012，第6008页。
③ （清）纪晓岚：《钦定四库全书荟要》第二册，吉林出版社，2005，第84页。

"类族辨物"得其所同，就能足以"通天下之志"。韩信"连百万之众，战必胜，攻必取"，张良"运筹帷幄之中，决胜千里之外"，萧何"填国家，抚百姓，给饷馈，不绝粮道"①，众人同心同德辅佐刘邦，终得推翻暴秦，为民重新开辟天地，即是圣贤同人之用。

（二）地中水，容民畜众

"地中有水，师，君子以容民畜众。"②"师"，会意字，"从币。从𠂤"③。𠂤是小土山，币是包围。四周包围的都是小土山，所以表示众多。师卦，坎下坤上，像大地有包容水域之德，小则包容江河湖泊，大则包容汪洋大海。水有利物之德，藏于地下为资源，一旦开发必然惠及万物；亦有险阻之意，兴师为兵可以抵御侵略、保卫国家。贤人法地宽厚，以坎利之德兼容万民。圣人所培养的贤人于各行各业发挥才干可利益百姓；上位者以宽大气度容纳天下贤才，而贤才同心协力、发挥才干，以百姓喜闻乐见的方式建设国家、以强大的军队保卫人民，可令国家人丁兴旺、富强壮大。

圣人以坤德处上体，彰显无私厚养之德。坤为"万物资生"④，大地为万物生长提供了各种适宜的环境而"含弘光大"，在人事方面，则为提供富足的物质基础、安定的社会环境。昔者神农氏尝百草，而选出五谷为百姓日常食物，利用草药为百姓治病，制作乐器满足人民的精神需要，令远古先民脱离茹毛饮血的不安定生活，并得到身心的健康幸福。黄帝始垂衣裳，开始制定礼法，使人民上下有序，刳木为舟、

---

① （唐）魏徵，褚亮，虞世南，等：《群书治要（校订本）》，中国书店，2014，第289页。
② （清）纪晓岚：《钦定四库全书荟要》第二册，吉林出版社，2005，第68页。
③ （汉）许慎：《说文解字注》，（清）段玉裁注，上海古籍出版社，2012，第273页。
④ （清）纪晓岚：《钦定四库全书荟要》第二册，吉林出版社，2005，第46页。

剡木为楫，制作便利水上交通工具，便利人民生活等等，使得先民得到生生不息的繁衍。然而"坤至柔而动也刚"，大地虽然平时安稳不动，但是一旦震动必然山崩地裂，内在力量十分强大。神农氏衰落时，诸侯相互侵伐，百姓不得安宁，而黄帝"习用干戈，修德振兵"①，大战炎帝于阪泉之野，后又平定蚩尤之乱，北逐匈奴。取得安定后又设置左右大监以监督各方诸侯，选拔风后、力牧、常先、大鸿来治理民众；顺应天地运行的法则和时节种植百谷草木，心力耳目无不劳勤，水火材物都节约使用。史称黄帝作为有"土德"，也就是"坤德"，即安定百姓、使之生存之德。

贤人以坎水利物之德与上合同，构成"师"卦容民畜众之道。坎为水，卦象"☵"，上下皆为阴爻，柔软让物，如水有不争之德。老子曰："上善若水。水善利万物而不争，处众人之所恶，故几于道。居善地，心善渊，与善仁，言善信，政善治，事善能，动善时。夫唯不争，故无尤。"② 但是中间一阳横亘，外柔而内刚，如水滴石穿，虽柔弱而又至强。老子曰："天下莫柔弱于水，而攻坚强者莫之能胜，以其无以易之。弱之胜强，柔之胜刚，天下莫不知，莫能行。"③ 水以不争利物、不畏强暴之德，可以利益民生，亦可除暴安良。

坤与坎合为"师"，先有容众之德。大地之中唯水最多，小者为泉池溪流，中者为江河湖泊，大者为汪洋大海。一方面，泉池溪流供人饮用、方便生活；江河湖泊养有鱼鳖虾蟹、飞鹭水草，丰富生物多样性；海洋之中更有多种矿产、油田，为人类提供能源，等等。所以说

① （唐）魏徵，褚亮，虞世南，等：《群书治要（校订本）》，中国书店，2014，第238页。
② （魏）王弼：《老子道德经注校释》，楼宇烈校释，中华书局，2011，第20页。
③ （魏）王弼：《老子道德经注校释》，楼宇烈校释，中华书局，2011，第187页。

水到之处可以利益万物。如孔子虽无禄位，但有教无类地培养贤才，有坤卦"含弘"之德；而孔门七十二贤，皆坚定地追随孔子，并实践其学说，德行为上者如颜渊、闵子骞、冉伯牛、仲弓，政事为上者如冉有、季路，言语为上者如宰我、子贡，文学为上者如子游、子夏，都是孝亲尊师、出言为文章、行动为表率的贤人，为百姓及后人称道、学习的楷模。

再有养兵于民之道。水在地中积聚，其内在暗含势能十分巨大，动则为千军万马。平时大地安稳不动，则可以兴水利，灌溉良田；而大地震动之时则可引发洪水，丧人生命。古时畜兵于民，平时耕种为务，战时征用为军队，保卫邦国，"师"又为"军旅之名"①。秦孝公时任用商鞅实行变法，重农抑商，鼓励开垦荒地，对外提供优待条件，吸引了大量移民；同时编丁入伍，奖励军功，弱小的秦国逐渐变得国富兵强。《史记》记载："秦孝公据崤函之固，拥雍州之地，君臣固守以窥周室，有席卷天下，包举宇内，囊括四海之意，并吞八荒之心。当是时也，商君佐之，内立法度，务耕织，修守战之备，外连衡而斗诸侯，于是秦人拱手而取西河之外。"② 所用的正是师众之道。

贤人在下位而呼应上位六五，虽皆不当位，但阴阳相合，所以能够"容民畜众"③。师卦以九二为主，阳处下体，众阴所归，是为众军之帅。卦象为"䷆"含震象（☳），外有容物阴柔之德，内有雷震之能量，静时养民，动时兴兵，是贤人以坎德合坤之用。

---

① （清）李道平：《周易集解纂疏》，中华书局，2011，第 128 页。
② （唐）魏徵，褚亮，虞世南，等：《群书治要（校订本）》，中国书店，2014，第252 页。
③ （清）纪晓岚：《钦定四库全书荟要》第二册，吉林出版社，2005，第 68 页。

（三）天下泽，上下定志

《序卦》曰："物畜然后有礼，故受之以履。"① 品物蓄积以后，需要整理、理顺，使之分门别类、各有所归。"上天下泽，履，君子以辨上下，定民志。"履卦，兑下乾上，表示自然界中天空高高在上，川泽处下于地，自然而然地上下定位，是自然的秩序。"履"意为"足所依也"②，又"履，礼也"。双脚依靠鞋履行走而不受伤害，而人与人交往需要礼节才能够融洽和睦。《礼记·乐记》曰："天高地下，万物散殊，而礼制行矣。"③ 礼以天地万物自然的秩序为原则而制定，所以"辨上下"。上下之分定，则两间万物顺理成章，各居其位、各守其分，公卿大夫等官员以德配位，学者修学以经世致用，农工商贾勤勉工作、自食其力，人人皆有定业、家家安分守己，所以民心安定、社会有序。

圣人法天，表彰自然秩序。乾体纯阳，自然居于上位，而有"元、亨、利、贞"之时序。"元"意为"始"，万物春则资始萌发；"亨"意为"通"，万物于夏则亨通壮大；"利"会意为"以刀断禾"，秋则成熟收敛；"贞"字甲骨文为"鼎"，为食器，冬则保藏谷物于鼎器之中。天有空间、时间的位次之序，自上而下万物同样有自然的作息规律、生长规律。由天彰显其道，天下有山川河流，花草树木因时而长，错落有致、有条不紊。古之圣王根据天道"惟王建国，辨方正位，体国经野，设官分职，以为民极"④，而设天地春夏秋冬之官，制礼作乐、调整人心、理顺人伦。

① （魏）王弼：《周易注》，楼宇烈校释，中华书局，2014，第262页。
② （清）张玉书，陈廷敬：《康熙字典》，上海辞书出版社，2015，第243页。
③ 杨天宇：《礼记译注》，上海古籍出版社，2013，第477页。
④ （汉）郑玄：《周礼注疏》，（唐）贾公彦疏，上海古籍出版社，2010，第6页。

贤人在下以兑悦之德代天理民。《说卦》言："悦万物者，莫乐乎泽。"李鼎作解："光悦万物，莫过以泽而成说之也。"李道平疏："兑有光义，故言'光说万物'。万物说乎雨泽，故'莫过以泽成其说也。'"其中"水草交厝，名之为泽。泽者，言其润泽万物，以阜民用也"①。川泽反映天光，可以照映天的秩序显示于人；又能润泽万物、促进生长，为人类提供物资用度。在人事，"兑"为"讲习""口舌"②，贤人以善言教礼，以身行习礼，令人心悦诚服。

贤人以兑卦之德居于乾体之下，顺承天之秩序，而成履卦，又因互体有离卦、巽卦之象，所以有火光照著和无所不入之用。以史而观，尚氏曰："周公制礼，是其事也。"③ 周公承文武之志，辅佐幼主成王，顺天地四时之义而作《周礼》，为天子建立国都、辨别方向、正定职位、划分城郊、建设百官、分配职权等用，"令天下之人各得其中，不失其所"。天为"统理万物"之才，所以设天官冢宰以"帅其属而掌邦治，以佐王均邦国"；地为"载养万物"之才，所以设地官司徒以"帅其属而掌邦教，以佐王安扰邦国"④。春季为"出生万物"之时，所以设春官宗伯以"帅其属而掌邦礼，以佐王和邦国"⑤；夏季为"整齐万物"之时，所以设夏官司马以"帅其属而掌邦政，以佐王平邦国"⑥；秋季之义在于"杀害收聚敛藏于万物"，设秋官司寇以"帅其属而掌邦禁，以佐王刑邦国"⑦；冬季为"闭藏万物"之时，所以设冬

---

① 王利器：《风俗通义校注》，中华书局，2011，第477页。
② （清）李道平：《周易集解纂疏》，中华书局，2011，第502页。
③ 尚秉和：《周易尚氏学》，中华书局，2012，第71页。
④ （汉）郑玄：《周礼注疏》，（唐）贾公彦疏，上海古籍出版社，2010，第305页。
⑤ （汉）郑玄：《周礼注疏》，（唐）贾公彦疏，上海古籍出版社，2010，第619页。
⑥ （汉）郑玄：《周礼注疏》，（唐）贾公彦疏，上海古籍出版社，2010，第1073页。
⑦ （汉）郑玄：《周礼注疏》，（唐）贾公彦疏，上海古籍出版社，2010，第1294页。

官司空"使掌邦事,亦所以富充家,使民无空者也"①。周公代天理民,像天地之道而设人道秩序,设置完备细致的社会、政治、经济、文化、风俗、礼法等制度,于人民日常生活无所不包,令民事条条理顺,成为周朝"致太平之迹"②。

贤人与圣人上位者同心同德,而聚众养民、安邦定国,并效法天地秩序理顺人伦、秩序井然。贤人修德合作,可以辅佐上位者成就代天地颐养万民的大业。

三、贤贤合作,福及万民

贤人辅圣开创天地,接而贤贤合作使之养民长久不息。群贤以六德互参而成诸卦之道,可以易道变化接济万民、养正人心。"圣人养贤以及万民"一句,王弼本断为"圣人养贤,以及万民"③,"以"意为"用","及"意为"至",即圣人培养贤士并将天地圣人之德推广于百姓之中,群贤之德为百姓钦慕,启发百姓通过易道变化气质,实现自身人生价值,如此方为"颐养万民"之正道。

(一)颐养之道,口动有止

贤人以艮止、震省之德,出言、饮食皆顺颐道。《象传》曰:"山下有雷,颐。"颐卦震下艮上,艮为止,震为动。"颐"意为"顄"④,同"颔",为上下齿骨。口动时上齿骨不动,而下齿骨动。贤人修颐道

---

① (汉)郑玄:《周礼注疏》,(唐)贾公彦疏,上海古籍出版社,2010,第1519页。
② (汉)郑玄:《周礼注疏》,(唐)贾公彦疏,上海古籍出版社,2010年,(序)第7页。
③ (魏)王弼:《周易注》,楼宇烈校释,中华书局,2014,第103页。
④ (清)张玉书,陈廷敬:《康熙字典》,上海辞书出版社,2015,第1396页。

"慎言语，节饮食"，动口而有谨慎止恶和节制修省之德。许慎言：
"慎，谨也。从心，真声。"① 贤人发自真心的言谈皆正，"上有以规劝
其君长，下有以教顺其百姓"② 则可得上位者的赏识重用，和下位者
的称扬追随。"上得其君长之赏，下得其百姓之誉"，形成和合氛围。
"节"意为"止也，检也，制也"③，饮食为每日常行之事，日积月累
耗费实多，若不节制则劳民伤财、资源殆尽，所以贤人必节制饮食以
持续发展。如荀爽所说："雷为号令，今在山下闭藏，故'慎言语'。
雷动于上，以阳食阴，'艮以止之'，故'节饮食'也。'言出乎身，
加乎民'，故'慎言语'，所以养人也。饮食不节，残贼群生，故'节
饮食'以养物。"④

（二）谨慎言语，以利上下

于"慎言语"一方面而言，贤人一则忠心极言，匡扶上志。如皋
陶辅大舜，周公辅成王，管仲辅桓公，晏子辅庄王，言语皆动则发人
深省，止则唯善是的。楚文王贪恋好狗、打猎和美女而荒废政务，太
保申直言要按先王规矩对他实施鞭笞的惩罚，言动有则，及时提醒上
位者不忘祖德旧业，不畏惧触怒龙颜，这是震雷的威猛贤德。但是申
执行处罚的时候，却是跪着将捆好的五十根细荆条放在文王背上，这
样做了两次，然后就请文王起来了，申说："臣闻君子耻之，小人痛
之。耻之不变，痛之何益。"⑤ 惩罚的目的是改过，文王既然已经反省
认识到自己的过错、感到羞耻了，就没有必要伤害他的身体，这是

---

① （汉）许慎：《说文解字注》，（清）段玉裁注，上海古籍出版社，2012，第 502 页。
② 方勇：《墨子译注》，中华书局，2012，第 298 页。
③ （清）张玉书，陈廷敬：《康熙字典》，上海辞书出版社，2015，第 851 页。
④ （清）李道平：《周易集解纂疏》，中华书局，2011，第 285 页。
⑤ 许维遹：《吕氏春秋集释》，中华书局，2010，第 626 页。

"时止则止，时行则行"① 的止恶之德，止于善而已。申为太保，动而直谏，知错而止，以谨慎导引之言匡正文王，"王乃变，更召保申，杀茹黄之狗，折宛路之矰，放丹之姬。务治荆国，兼国三十九。"此为贤人"极言之功"②。

同时，贤人还以公心为百姓代言。如卫灵公在天寒地冻的时候让百姓开凿水池，宛春便代民谏言："天寒起役，恐伤民。"③ 宛春提醒卫灵公天气寒冷，应该替百姓的冷暖着想。但卫灵公尚未醒悟，还问"天寒乎哉?"于是宛春继续劝谏说："公衣狐裘，坐熊席……是以不寒。今民衣弊不补，履决不组。君则不寒矣，民则寒矣。"进一步把百姓的衣食冷暖与卫灵公作对比，让卫灵公感同身受，于是罢役。贤人为民请命动以公心，不但养正上位者之志，同时造福百姓，上下皆利。

（三）节制饮食，损上益下

于"节饮食"一方面而言，贤人节俭用度不与他人争物，同时劝谏上位者率民生产。春秋时鲁相公仪休吃了自家菜园的蔬菜感到很美味，就把园子里的菜都拔掉；看到自家织女织出的布匹质量都很好，就马上把织女都打发走，还把织机烧毁。他说："欲令农士工女安所仇其货乎?"④ 贤人当位，虽有权在用度方面获得优越的享受，但是要以不与人民利益发生冲突为前提。

饮食因其为基本生理需要的必然性和经常性等特点而容易造成铺

---

① （清）纪晓岚:《钦定四库全书荟要》第二册，吉林出版社，2005，第207页。
② 许维遹:《吕氏春秋集释》，中华书局，2010，第627页。
③ 许维遹:《吕氏春秋集释》，中华书局，2010，第669页。
④ （唐）魏徵，褚亮，虞世南，等:《群书治要（校订本）》，中国书店，2014，第283页。

张浪费，贤人则时时注意节制。比如周公作《周礼》，在饮食方面就规定了掌膳官一项重要职责："膳夫：掌王之食饮膳羞……大丧则不举，大荒则不举，大札则不举，天地有灾则不举，邦有大故则不举。"① 郑玄注："大荒，凶年。大札，疫病也。天灾，日月晦食。地灾，崩动也。大故，寇戎之事。"② 贾公彦疏"不举"为"不杀牲"③。在年景不好、遭遇瘟疫、天灾地震、战争之时都是食品物资稀缺的时候，膳夫此时不能为天子烹饪肉食，而是使其节制饮食，如此为臣民做表率，上行下效就可为国家节约资源、缓解危机。

节制饮食一方面是节流，另一方面是开源。汉文帝时，贾谊就曾上书："管子曰：'仓廪实而知礼节。'民不足而可治者，自古及今，未之尝闻。古之人曰：'一夫不耕，或受之饥，一女不织，或受之寒。'生之有时，而用之无度，则物力必屈。古之治天下，至孅至悉也，故其蓄积足恃。今背本而趋末，食者甚众，是天下之大残也；淫侈之俗，日日以长，是天下之大贼也。残贼公行，莫之或止，生之者甚少，而靡之者甚多，天下财产，何得不蹶哉！"④ 汉文帝听了十分感动，认识到节俭用度的同时应发展农业，以辛勤劳动代替骄奢淫逸，才能源源不断地为百姓提供生活物资，于是躬耕籍田以劝导百姓务农、推动农业生产。后来晁错复谏"使天下人入粟于边"，汉文帝纳言进一步扩大农业生产规模，为文景之治奠雄厚物质基础。而至汉武帝初年"都鄙廪庾皆满，而府库余货财。京师之钱累巨万，贯朽而不可校。太仓

① （唐）魏徵，褚亮，虞世南，等：《群书治要（校订本）》，中国书店，2014，第160页。

② （汉）郑玄：《周礼注疏》，（唐）贾公彦疏，上海古籍出版社，2010，第117页。

③ （汉）郑玄：《周礼注疏》，（唐）贾公彦疏，上海古籍出版社，2010，第118页。

④ （唐）魏徵，褚亮，虞世南，等：《群书治要（校订本）》，中国书店，2014，第321页。

之粟，陈陈相因，充溢露积于外，至腐败不可食。众庶街巷有马，阡陌之间成群"①。这些都离不开汉庭几代贤臣反复进谏之功。

（四）群贤并用，上下皆正

群贤以言语饮食之小端而谨慎节俭，以此为切入口，目的是颐养上下万民之正。"颐，贞吉。养正则吉也。"② 何为"养正"？"正"意为"守一以止"③。王弼曰："言语饮食，犹慎而节之，而况其余乎。"口动为小节，以此为代表，其余言行举止都要"守一"，即一定的规范，也就是常理常法，此为颐卦之养正。实际上，在物资丰足的同时，必须颐养人民的道德修养，唯有提高国民精神文明水平，才能避免物质文明丰足之后的骄奢淫逸之风。如大舜任用八元，兴旺五伦五常的道德教化，使万民日用云为都能顺应天道自然的规律，所以有四方安定"无违命也"④。

总之，"圣人养贤以及万民"⑤，群贤效法"天地养万物"，运用动止之德将生生不息的颐养之道推及百姓。颐卦，上体为艮，下体为震，众阴像万民，也就是艮山止恶之贤与震雷修省之贤合作而用颐道普及万民。两阳之中含容众阴，像贤人在上位止恶节用以利万民，在下位则体察民情通报于上，上下颐和，可养天年，"颐之时大矣哉！"

"可久则贤人之德，可大则贤人之业。"⑥ 贤人修身，首先，效法

---

① （唐）魏徵，褚亮，虞世南，等：《群书治要（校订本）》，中国书店，2014，第324页。
② （清）纪晓岚：《钦定四库全书荟要》第二册，吉林出版社，2005，第126页。
③ （清）张玉书，陈廷敬：《康熙字典》，上海辞书出版社，2015，第523页。
④ （清）张玉书，陈廷敬：《康熙字典》，上海辞书出版社，2015，第17页。
⑤ （清）张玉书，陈廷敬：《康熙字典》，上海辞书出版社，2015，第5页。
⑥ （清）纪晓岚：《钦定四库全书荟要》第二册，吉林出版社，2005，第248页。

天地圣人之德而修身成六德：效法震卦修省而常有居安思危、反身修省、改过迁善的自觉性，是震省之德；效法巽卦而有卑顺谦下、无所不容的亲和力，是巽顺之德；效法坎卦而有默默付出、不求回报的奉献精神，是坎利之德；效法离卦而有断恶修善、惩恶扬善的正义感，是离明之德；效法艮卦而能止息物欲、积善成德的自制力，是艮止之德；效法兑卦则具有以一身之善令万民喜悦追随的号召力，是兑悦之德。其次，甘居下位，与上位合同协作而成人事，易道以化天下万民：先以离明之德与乾上呼应，志趣相投而成"同人"；次以坎利之德下于百姓，感通人心而聚众成"师"；后以兑泽映照天地秩序，履礼定志协调上下，人伦事理井然有序。最后贤贤合作，谨慎言语行为，节约饮食用度，对上极言开源节流，对下导之以养正之道，颐养万民。总之，贤人合易道而修身辅上，以平易之德行简约之事，"易简而天下之理得矣"。

第二节　君子学易，志在圣贤

《系辞》曰："君子之道，鲜矣。"[1] 君子是谁？韩康伯注："君子，体道以为用者也。""体"为体认（体察认识）、体行（躬亲践行）的意思。"道"就是易道，《易经》所载为天地大道、圣贤德业。君子就是以天地圣人为榜样，立志通过学习易理成圣成贤的志士仁人。

---

① （清）纪晓岚：《钦定四库全书荟要》第二册，吉林出版社，2005，第254页。

一、易载圣道，君子自学

易载天地之道，以圣贤为理想人格。圣人"与天地合其德，与日月合其明，与四时和其序"①。而"可久则贤人之德，可大则贤人之业"，圣贤共事而"天下之理得矣"。君子思慕而效法圣贤，学易而习圣道。

（一）圣人四道，为一德义

君子学易依圣人之四道修身。"易有圣人之道四焉。以言者尚其辞，以动者尚其变，以制器者尚其象，以卜筮者尚其占。"②"辞"为卦辞、爻辞，是圣人之言；"变化者，进退之象也"③，"变"是圣人进退的行动；"象"是卦象，如鼎象为"木上有火"④，圣人法之制器致用；"占"为占卜，圣人通过筮草推演变化、决断疑议。圣人参悟天地之道而反身修为己德，所以言动行事可为世范。君子起而效法"将有为也，将有行也，问焉而以言，其受命也如响"⑤。《说文》释"受"为"得"⑥，"命"为"教令"⑦"告"，"响"即"应声"⑧。君子学易，在品读文辞、体会变动、观察卦象、占筮卜问时，就像当面与古圣先贤请教交流，马上能够得到指导，亲身体验易道带来的身心改善。

---

① （清）纪晓岚：《钦定四库全书荟要》第二册，吉林出版社，2005，第41页。
② （清）纪晓岚：《钦定四库全书荟要》第二册，吉林出版社，2005，第264页。
③ （魏）王弼：《周易正义》，（唐）孔颖达疏，余培德点校，九州出版社，2010，第356页。
④ （清）纪晓岚：《钦定四库全书荟要》第二册，吉林出版社，2005，第197页。
⑤ （清）纪晓岚：《钦定四库全书荟要》第二册，吉林出版社，2005，第264页。
⑥ （清）张玉书，陈廷敬：《康熙字典》，上海辞书出版社，2015，第96页。
⑦ （清）张玉书，陈廷敬：《康熙字典》，上海辞书出版社，2015，第111页。
⑧ （清）张玉书，陈廷敬：《康熙字典》，上海辞书出版社，2015，第1391页。

所以杨诚斋云："君子于此惟能于一言一动、一器一疑之间，将有为、有行之时，用易之四道而不敢须臾离之，则有吉而无凶悔吝矣。"①

而辞、变、象、占四者无非动静之用，辞、象为静，变、占为动，四种方式两两相辅相成，合而为二。《系辞》说："是故君子居则观其象而玩其辞，动则观其变而玩其占。是以自天佑之，吉无不利。"② 君子或平时无事的时候观察每卦卦象、玩味卦辞爻辞的含义形成心得体会，或行事之前占卜一卦、观察变化，推断事态发展趋势，并于事态演变中检验得失。无论动静，都可以学习《易经》所载的圣人之道，通过体会圣人为人处事的态度、方式改变自身的想法、行为，使心念言行符合客观发展的规律，趋吉避凶、化凶为吉。

再进一步，无论是动是静，学易的目的都是体察圣人修身的"德义"。《易经》所载言辞与卦象的阐释都是宇宙人生的道理，君子可以运用理性能力推演、理解。而占筮自古以来就是中国先民用于预测吉凶、决断疑惑的方法，圣人以此模拟事态发展变化，目的在于让人明了在何种情况下应该如何应对变化，如何改变心态言行，进而改变事态发展的吉凶趋势，所以玩占同样是为求"德义"修身而已。马王堆帛书《周易》中记载了孔子玩占的态度：

　　子赣曰：夫子亦信其筮乎？

　　子曰：吾百占而才当，为周梁山之占也，亦必从其多者而已矣。

---

① （宋）杨万里：《诚斋易传》，九州出版社，2008，第253页。
② （魏）王弼：《周易正义》，（唐）孔颖达疏，余培德点校，九州出版社，2010，第358页。

子曰：易我后其祝卜矣，我观其德义耳也。幽赞而达乎数，明数而达乎德，又（有）仁□①者而义行之耳。赞不达于数，则责其为之巫，数而不达于德，则其为之史。史巫之筮，乡（向）之而未也，□之而非也，后世之士疑丘者，或以易乎？吾求其德而已，吾与史巫同涂（途）而殊归者也。君子德行焉求福，故祭祀而寡也；仁义焉求吉，故卜筮而希也。祝巫卜筮（其）后乎！②

"子赣"即子贡，是孔子的弟子，向老师请教是否相信卜筮。"百"指多次，孔子说自己确实玩占且不在少数，也曾应验，即"当"。如果仅此而已，孔子与普通卜筮者区别不大。但是他玩占的目的不像"史巫"之流是为了"幽赞"或"明数"，而是更进一步，"后"于祝卜之事，就是得到人性的升华、道德的提升，即"德义"。"涂"即"途"，孔子与史巫同样以占卜的方式学易，即"同涂"，但是他通过这种方式达到了更高的境界，即体验到圣人的心境与胸怀，明白其大业所以成就的原因，这就超越了史巫而与之"殊归"。正是因为达到了圣人之境，孔子才认为君子应该"德行焉求福""仁义焉求吉"。只有通过玩占观察明了变化中的德义而提高德行修养，才能真正获福获吉，获得"从心所欲不踰矩"③的自由，成为命运的主人。这种认识是史巫之徒不可望其项背的。

《易经》的德义只有落实到修身层面才能体会，孔子正是因为践行易道而成为至圣先师。孔子晚年退修诗书、养徒教学，尤其重视《易

---

① 此处原文脱字，下同。
② 于豪亮：《马王堆帛书〈周易〉释文校注》，上海古籍出版社，2016，第186页。
③ （宋）朱熹：《四书章句集注》，中华书局，2012，第128页。

经》。帛书《要》记载，"夫子老而好《易》，居则在席，行则在囊"①，可见其对《易经》的重视，甚至"韦编三绝"。孔子说自己："学而时习之，不亦说乎！"② "学"为"觉悟"③，即觉醒、醒悟；"习"为"数飞"④，就是小鸟多次练习飞翔。孔子觉悟到《易经》是先觉之圣贤留与后觉之君子的教科书，无论如何运用《易经》，或读文字，或观卦象，或研究卦象爻位的变化，或与自身境遇结合占卜问疑，只要时常将德义用在治心修身的实践当中，像鸟儿练习飞翔那样，就会逐渐明了宇宙人生的真相，心中涌现源源不断的喜悦，成就自己、帮助他人，最终成为圣贤。《史记·孔子世家》记载："孔子晚而喜易，序《彖》《系》《象》《说卦》《文言》。"可见《周易》"十翼"都是孔子的学习心得，成为后世君子孜孜追随的道路。然而孔子尚且感叹"加我数年，五十以学易，可以无大过矣"⑤。虽然孔子认为自己如果能更早地领悟《易经》的教诲，就可以避免很多过失、少走很多弯路，早些达到古圣先贤的境界，但是仍然学而不厌"五十而知天命"⑥，习而不倦"七十而从心所欲不逾矩"，被后人推崇为至圣先师。

（二）言语行为，修身枢机

修身需要抓住关键入手之处。孔子说："言出乎身，加乎民，行发乎迩，见乎远，言行，君子之枢机。"⑦ 枢机为事物的关键，君子修身

---

① 于豪亮：《马王堆帛书〈周易〉释文校注》，上海古籍出版社，2016，第185页。
② （宋）朱熹：《四书章句集注》，中华书局，2012，第113页。
③ （清）张玉书、陈廷敬：《康熙字典》，上海辞书出版社，2015，第218页。
④ （清）张玉书、陈廷敬：《康熙字典》，上海辞书出版社，2015，第921页。
⑤ （宋）朱熹：《四书章句集注》，中华书局，2012，第213页。
⑥ （宋）朱熹：《四书章句集注》，中华书局，2012，第128页。
⑦ （清）纪晓岚：《钦定四库全书荟要》第二册，吉林出版社，2005，第259页。

关键在于默语动静都能运用《易经》之理,做到言之有物而口无择言,德行有恒而身无择行。

孔子学《易》"敏以求之"①　而有所得,便为人解说、分享心得。《说苑·敬慎》记载孔子读到损益两卦深有体会,便与人分享:

> 孔子读易,至于"损益",则喟然而叹。子夏避席而问曰:"夫子何为叹?"孔子曰:"夫自损者益,自益者缺,吾是以叹也。"子夏曰:"然则学者不可以益乎?"孔子曰:"否,天之道成者,未尝得久也。夫学者以虚受之,故曰得。苟不知持满,则天下之善言不得入其耳矣。昔尧履天子之位,犹允恭以持之,虚静以待下,故百载以逾盛,迄今而益章。昆吾自臧而满意,穷高而不衰,故当时而亏败,迄今而逾恶。是非损益之征与?吾故曰:'谦也者,致恭以存其位者也。'夫丰明而动故能大;苟大则亏矣。吾戒之,故曰:'天下之善言不得入其耳矣。'日中则昃,月盈则食,天地盈虚,与时消息。是以圣人不敢当盛,升舆而遇三人则下,二人则轼,调其盈虚,故能长久也。"子夏曰:"善!请终身诵之。"②

孔子观卦研经求其德义。"德"即"善美、正大、光明、纯懿之称"③,"义"为"己之威仪"④,"德义"合言即是内在美好品质与外

---

① (宋)朱熹:《四书章句集注》,中华书局,2012,第215页。
② (汉)刘向:《说苑校证》,向宗鲁校证,中华书局,2011,第241—242页。
③ (清)张玉书,陈廷敬:《康熙字典》,上海辞书出版社,2015,第316页。
④ (清)张玉书,陈廷敬:《康熙字典》,上海辞书出版社,2015,第917页。

在端庄言行的统一，所谓"诚于中，形于外"①。损卦，兑下艮上，艮为山、为止，兑为泽、为口，是止语之象。《象传》曰："君子以惩忿窒欲。"② 忿恨不平容易出口伤人，而忿恨不平源于傲慢自满、不服他人。所以孔子观此卦象体会到要自损傲慢骄泰之气，止息忿恨情绪，常常虚怀若谷，如卦象中以坤卦居中，"☷"表示虚己、顺众，才能获得更多的指教，对人对己都有益处，既是自损者也是受益者。益卦，震下巽上，巽为风、为"躁卦"③，震为雷、为起，是风鼓雷动的景象。所谓"躁人之辞多"④，躁动之人好言辞、夸夸其谈，能够鼓动人心、赢得赞赏和追捧。而言行的浮躁也常因为自满而骄，以为是自己才华过人，其实是不懂得谦虚受教而显得浅薄无知，越是自以为是，越是故步自封，于人于己都没有好处，所以自益者反而必有所失。于是孔子在《象传》中告诫，"君子以见善则迁，有过则改矣"⑤，千万不要认为自己已经十全十美，唯有改过迁善才是真正得益的方式。

进一步，孔子融会贯通损益以至于谦德，将谦德之效落实到日常言行中，最终达到圣人的境界。益卦示人虚己为益，损卦戒人自满为损，从正反两面教人培养谦恭之德。孔子以尧谦恭而久居丰亨之位为典范，而效法之。首先，孔子为人谦和，善于接受他人的意见。《论语·阳货》记载孔子去武城游玩，听到弹琴唱歌的声音时莞尔一笑说："割鸡焉用牛刀？"⑥ 武城是一个小地方，却使用礼乐的教化，孔子觉

---

① 因缘生：《学庸衍义》，世界书局，2016，第38页。
② （清）纪晓岚：《钦定四库全书荟要》第二册，吉林出版社，2005，第169页。
③ （清）纪晓岚：《钦定四库全书荟要》第二册，吉林出版社，2005，第303页。
④ （清）纪晓岚：《钦定四库全书荟要》第二册，吉林出版社，2005，第294页。
⑤ （清）纪晓岚：《钦定四库全书荟要》第二册，吉林出版社，2005，第172页。
⑥ （宋）朱熹：《四书章句集注》，中华书局，2012，第376页。

得有些大材小用了。当时陪同他的学生子游在当地做官，回应说："昔者偃也闻诸夫子曰：'君子学道则爱人，小人学道则易使也。'"子游依据孔子以前的教诲，认为礼乐之道不分大小，目标是让人们受到美善的教育，使得官员爱护百姓、百姓配合管理，上下和睦。孔子听了说："二三子！偃之言是也。前言戏之耳。"他肯定子游的意见，而幽默地说自己不过是开玩笑，丝毫没有自以为是的态度。正所谓"谦谦君子，卑以自牧也"①，择善而从、不固执己见，带来的是教学相长的良性循环。其次，孔子待人厚道，不计较个人得失，而重视他人利益。《论语·乡党》记载孔子家的马厩着火了，他退朝回去后首先问："伤人乎？"②而没有考虑自己是否损失了马匹。《论语·雍也》还记载孔子曾赠送管家原思"粟九百"③，但是原思不好意思收下，于是孔子说："毋！以与尔邻里乡党乎！"④意思是让他不要推辞，多的可以给老家的乡亲父老送去。孔子不仅厚待自己的家仆，还爱护家仆的家人。"劳谦君子，万民服也"，广施恩惠于邻里家仆，实现的是社会风气的改善。再次，孔子谦恭有礼，好学好问。孔子总认为"三人行必有我师"⑤，他人身上一定有可学之处，是优点就马上学习，是不足就反省自己，有则改正、无则加勉。孔子一生落实谦德而成就了他"温良恭俭让"⑥的德行修养，虽在当时没有尊贵的权位，但也有三千弟子、七十二贤人追随学习；传道授业、广受尊重，被后人追封为"素王""至圣先师"，就是因为他的德行配得上至高无上的地位。"谦尊而光，

---

① （清）纪晓岚：《钦定四库全书荟要》第二册，吉林出版社，2005，第93页。
② （宋）朱熹：《四书章句集注》，中华书局，2012，第262页。
③ （宋）朱熹：《四书章句集注》，中华书局，2012，第189页。
④ （宋）朱熹：《四书章句集注》，中华书局，2012，第190页。
⑤ （宋）朱熹：《四书章句集注》，中华书局，2012，第215页。
⑥ （宋）朱熹：《四书章句集注》，中华书局，2012，第120页。

卑而不可逾，君子之终也"，时刻保持谦虚谨慎，在高位可以彰显美德，处低位同样令人敬佩，这是君子立身之本。孔子说自己"非生而知之者"，不过是"敏以求之"，言语行为无不依照《易经》德义而发，所以修身成为圣人。

总之，君子学习《易经》所载成圣成贤之道获得德义而修身，通过言行举止的变化、心境胸怀的开拓与净化而入圣贤境界，洗心易行而成圣成贤。

二、修德正意，君子自强

达到圣贤境界不是一蹴而就的，也不是一旦达到就不会退转，它是反复的，所以需要日复一日地不停磨炼、修正，自强不息。履卦、谦卦、复卦、恒卦、损卦、益卦和困卦七卦，为君子开出日新其德的修身方法。

（一）履孝为基

履卦教诫君子德行的基础为孝敬的心行。"履，德之基也。"[1] 德行的建立以此为根基。履卦，兑下乾上，天在上而泽在下是自然的定位，指示"君子以辩上下，定民志"[2]。"辩"为"判""别"[3]，即区分、明白之意。"上下"从空间上讲是高低，如有天在上、地在下，中间方生万物；从时间上说为先后，如先有父母方有子女。"志"为"心之所之"[4]，即动机、志愿，人心动机纯正，才能安定、踏实。泽来自

---

[1] （清）纪晓岚：《钦定四库全书荟要》第二册，吉林出版社，2005，第288页。
[2] （清）纪晓岚：《钦定四库全书荟要》第二册，吉林出版社，2005，第76页。
[3] （清）张玉书，陈廷敬：《康熙字典》，上海辞书出版社，2015，第1235页。
[4] （清）张玉书，陈廷敬：《康熙字典》，上海辞书出版社，2015，第320页。

于天降雨水,而又在下映照天空,有回报的意向,指示人常心怀感恩,才能履行正道。感恩始于"孝","父兮生我,母兮鞠我。拊我畜我,长我育我,顾我复我,出入腹我"①,父母养育子女的恩德"昊天罔极",子女应该常怀感念。卦象内柔外健。内柔而和颜悦色,《礼记·祭义》言:"孝子有深爱者,必有和气;有和气者,必有愉色;有愉色者,必有婉容。"② 外健而勤快事奉,时刻体会父母长辈的需要、不辞辛劳地服务。孝敬是一切德行的基础,有子曰:"其为人也孝悌,而好犯上者,鲜矣;不好犯上,而好作乱者,未之有也。君子务本,本立而道生。孝悌也者,其为仁之本与!"③ 在家孝敬父母,在外就会尊重长辈上级、友好对待他人,对家人和睦有亲,就会带动社会人际关系和谐。故《正义》曰:"故为德之时,先须履践其礼,敬事于上,故履为德之初基也。"④

(二)谦己全用

"谦,德之柄也。""柄"意为"持"⑤,要以谦虚的态度使用自身能力。谦卦教诫君子虚己下人,凝聚力量办大事。一个人的能力再大也是有限的,很多事情必须通过众人的合力才能成功。凝聚力量需要谦虚的态度。谦卦,艮下坤上,艮为山、为己,坤为地、为众,象征高大的山峰屈居于大地之下,告诫有能力的君子要推举群众,充分发

---

① 周振甫:《诗经译注》,中华书局,2014,第 325 页。
② (元)陈澔:《礼记集说》,凤凰出版社,2010,第 367 页。
③ (宋)朱熹:《四书章句集注》,中华书局,2012,第 114—115 页。
④ (魏)王弼:《周易正义》,(唐)孔颖达疏,余培德点校,九州出版社,2010,第 416 页。
⑤ (清)张玉书,陈廷敬:《康熙字典》,上海辞书出版社,2015,第 464 页。

挥他人的能力，而不是只顾张扬自己的能力，应该"以其功下人"①，就算功劳卓著，也不认为都是自己的能力所为。就像大禹治水功劳显赫，但是他依旧推功于益、后稷，"劳而不伐，有功而不德，厚之至也"。所以德行越是深厚，越是礼敬谦退，越是长居高位。"谦也者，致恭以存其位者也。"身居高位而能平易近人，虚心了解下属，自然会发现他们才干的用武之地，同时考虑到每个人不同的需要，"裒多益寡，称物平施"，合理分配工作、均衡利益，则能凝聚人心共成大业。

（三）复本自知

复卦告诫君子追本溯源，不忘初心。"复，德之本也。"② "本"为"木下曰本。从木。一在其下，草木之根柢也"③，也就是草木所来之处。草由根来，德从何而来？复卦，震下坤上，一阳居于群阴之下，表示阳气动于初始之处。在人为初心，也就是赤子之心。无论是对父母尽孝，或是谦虚恭敬群众，都是源自真诚的爱心。父母无私养育、疼爱子女，子女生来也有爱敬父母的孝心。同样道理，领袖从群众中来，群众培养了领袖，领袖也因为人民谋幸福的初衷而成为领袖。《象传》曰："复，其见天地之心乎。"④ 就像天地生养万物，无私无求地付出，天地之心、赤子之心人皆有之，但是有时也会忘却、退转，而造成自私自利、与人争利的过失、悔恨，需要反复地提醒自己，才能永葆初心、不断进步，直至实现理想目标，"不远复，无祗

---

① （魏）王弼：《周易正义》，（唐）孔颖达疏，余培德点校，九州出版社，2010，第374页。

② （清）纪晓岚：《钦定四库全书荟要》第二册，吉林出版社，2005，第288页。

③ （清）张玉书、陈廷敬：《康熙字典》，上海辞书出版社，2015，第455页。

④ （魏）王弼：《周易正义》，（唐）孔颖达疏，余培德点校，九州出版社，2010，第153页。

悔,元吉"①。

(四)恒固一贯

恒卦教导君子德行稳固之道。"恒,德之固也。"韩康伯注:"固,不倾移也。"德行怎样才能稳固不倾移?《象传》曰:"天地之道,恒久而不已也。"② 日月昼夜交替出现在天空,恒久地照耀万物;四时按照次序一年一轮回,万物也就可以不断地生长。日月交替但是天道不变,四时变化但是地体稳固,是所以生养万物的恒长之道。恒卦,巽下震上,王弼注:"长阳长阴,和而相与,可久之道也。"震为长阳,为显明之处;巽为长阴,为隐微之时。比如植物不只要靠白天的阳光,更要靠夜间的巩固,方能茁壮成长。显隐虽有不同,但是君子用心为一,时刻保持治心修身的意识。修德随时随处戒惧谨慎,在人前恭谨庄重,在无人知晓的暗夜、独处之时同样严格自我要求。《中庸》曰:"君子戒慎乎其所不睹,恐惧乎其所不闻。"③ 只有慎独形成习惯,不把修德当成外在的道德规范对自己的要求,而是内化为自身的正常状态。如《正义》曰:"为德之时,恒能执守,始终不变,则德之坚固。"④

(五)损忿窒欲

损卦告诫君子修德不是为了炫耀自己、博得名誉,而是为了真正

---

① (清)纪晓岚:《钦定四库全书荟要》第二册,吉林出版社,2005,第120页。注:疏中"祇"释义为"大",疑为"祇"。
② (清)纪晓岚:《钦定四库全书荟要》第二册,吉林出版社,2005,第145页。
③ 因缘生:《学庸衍义》,世界书局,2016,第91页。
④ (魏)王弼:《周易正义》,(唐)孔颖达疏,余培德点校,九州出版社,2010,第416页。

利人利己，所以要减损高傲求名的心态。损卦，兑下艮上，前者傲慢如山，自以为高大；后者贪婪如泽，蔓延无边。二者相成为损，都有损于德行修养。修德有所成就难免增长傲慢，一方面会看不起不如自己的人，容易指责、挑剔他人，甚至稍有不如意就大发雷霆；另一方面是不服他人的优点长处，时时刻刻想要超过别人、压倒别人，攀比求胜心强。君子观象则知反其道而惩治骄傲自满之心，窒息贪求名望之欲，明白山外有山、人外有人，则骄傲贪名便转为山止泽静的平和心态而反省止恶、悦服受教。老子说"为道日损"①，损欲即是修德。《正义》曰："行德之时，恒自降损，则其德自益而增新。"②

（六）益善改过

益卦告诫君子改过迁善，自利利他。"益者，德之裕也。"③ 王弼注："能益物者，其德宽大也。"益卦，震下巽上，整体观象是乾"自上下下"④，以九四与初六交换位置，有"损上益下"之意。君子修德日渐宽裕，自然可以受人尊重、学习，便可利益他人。此时更应"见善则迁，有过则改"，如巽风无善不入于心、化为行，震雷恐惧名不副实而加紧修身。自益而后益人，使德行广传大众则"民悦无疆"。益人则全己德，"安其身而后动，易其心而后语，定其交而后求，君子修此三者，故全也。"⑤ 否则"危以动，则民不与也；惧以语，则民不应也；无交而求，则民不与也"，不能利益他人，其实是与人为敌，最终

---

① （清）魏源：《老子本义》，华东师范大学出版社，2010，第98页。
② （魏）王弼：《周易正义》，（唐）孔颖达疏，余培德点校，九州出版社，2010，第417页。
③ （清）纪晓岚：《钦定四库全书荟要》第二册，吉林出版社，2005，第288页。
④ （清）纪晓岚：《钦定四库全书荟要》第二册，吉林出版社，2005，第172页。
⑤ （清）纪晓岚：《钦定四库全书荟要》第二册，吉林出版社，2005，第286页。

导致伤害自己，"莫之与，则伤之者至矣"。

（七）困境炼心

困卦告诫君子不畏困境，勇于磨练、铸造钢铁意志。"困，德之辩也。"王弼注："困而益明。"人在顺境善缘中能够积德行善是较为容易的，如果能够面对恶人恶事，如处于"困于石，据于蒺藜"①的危险境地时，依然能够以德化人、以德服人，就更能体现出德行的真实。如《正义》曰："若遭困之时，守操不移，德乃可分辨也。"②但是如果因为环境不善而沾染不良习气，面对恶人就心生怨恨，说明德行修养不够，而"非所困而困焉，名必辱，非所据而据焉，身必危"，会导致身败名裂。所以在遭人误解、诽谤、伤害，甚至危及生命的困境时，心中依旧不改以德义为上的信仰，宁愿"杀身以成仁"③，方能锻造真金白银的美好品德。

七卦教人从履行孝顺开始，培养谦虚态度，复归赤子之心，此三为修心功夫；而心念不定时，必须恒常一贯地巩固德行，注意减损傲慢贪名之心，增益自己德能利益他人，越是在困境中越是锻炼坚定信念，此四为保守正念的要领。君子"自强不息"，将学易所得德义落实在一言一行、一举一动之中，自我勉励而无止息。

三、天地初心，君子自明

圣人借易道谆谆劝导君子修身，最终目的是以修合性。《说卦》：

---

① （清）纪晓岚：《钦定四库全书荟要》第二册，吉林出版社，2005，第 284 页。
② （魏）王弼：《周易正义》，（唐）孔颖达疏，余培德点校，九州出版社，2010，第 417 页。
③ （宋）朱熹：《四书章句集注》，中华书局，2012，第 349 页。

"昔者圣人之作《易》也，将以顺性命之理，是以立天之道曰阴与阳，立地之道曰柔与刚，立人之道曰仁与义。"其中，"性"字从心，指人的本性；"命"字即命令。由本性发出的命令，也就是每个人的本能德性，即为初心。人的初心自然发挥的作用是"仁义"，其与天地同阴阳、同柔刚。"仁者莫大于爱人"①，心里永存爱意、同情；"义者，宜也"②，以适宜的方式表现爱心，造就的是天清地宁的大同世界。然而由于各种欲望、烦恼而忘失，本性德能不能正常发挥作用，或者发挥扭曲甚至完全相反的作用，造成个人身心不调、家庭不睦、社会不安、国家动荡，甚至兴兵动武。自身与他人的悔吝灾祸，来源于没有顺应"性命之理"行事。实际上，君子在学易修身的过程中会发现，所谓"德义"不只是个人的品德修善，真正的大义在于体察到我与他人、外物实为一体。

（一）观天知仁，胸怀万有

《象传》曰："大哉乾元，万物资始，乃统天。"天之德，广覆万物，无所不包。天之德为"乾"，天体运行不息，而有阴阳二气运行变化，形成四季，促使万物生长。而"仁"者，从人从二，想到自己就想到他人，是人贡献力量、服务他人的原始动力。首先，人人都有仁爱之心，而以孝心为原点。"孝"字上为"老"，下为"子"，合在一起表示父母与子女本是一体的关系，形态上分为彼此，但是实质上一体不二。人天生就有对于父母的亲爱之心，这一点可以在婴儿对于父母的依赖上看得十分明显，无论父母做什么，他们都会默默注视、跟

---

① 吕效祖，赵保玉，张耀武：《群书治要考译》，团结出版社，2014，第414页。
② 吕效祖，赵保玉，张耀武：《群书治要考译》，团结出版社，2014，第436页。

随学习。同时"未有学养子而后嫁者"①，父母亲天然就会对子女疼爱、保护，不讲条件。所以父母与子女之间的亲爱是与生俱来的。进一步，仁爱之心本身没有界限，可以广包天下，仁德的作用是和谐各种伦理关系。仔细观察就会发现，其实婴儿对于任何人都有天然的爱心，尤其是在不认识父母之前，他们对于任何人的反应都是平等的、没有好恶分别的，就算是流落到兽群里，他们照样平怀顺受，丝毫不会反抗，正是所谓的"天真烂漫""赤子之心"。而正是因为这种心态，导致没有人不会爱怜婴儿幼小，甚至连猛兽都会照顾他们长大，正如老子说："蜂虿虺蛇不螫，猛兽不据，攫鸟不搏。"②"爱"的正体字"愛"中间有"心"，说明爱是人心本具的能力。"赤子之心"充分显示着爱强大而温柔的能量，让靠近爱的人都感受到柔和，人心自然柔软，所以婴儿得到的回应也是爱护、关怀。换句话说，毫无分别的平等爱心是人与生俱来的，不会因为对象的不同而改变。这种平等爱心反应在父母身上就是孝顺。人如果保持本心不变，自然会爱护所有人，孝顺父母、友悌兄弟姐妹、忠诚于领导、诚信于朋友、负责于配偶等，都是原本爱心的自然流露。

（二）察地知义，随宜利物

《彖传》曰："至哉坤元，万物资生，乃顺承天。"③ 大地顺势利物，为各方品类提供资源，无所不成。地之德为"坤"，大地顺着四时

---

① （宋）朱熹：《四书章句集注》，中华书局，2012，第27页。
② （清）魏源：《老子本义》，华东师范大学出版社，2010，第112页。
③ （清）纪晓岚：《钦定四库全书荟要》第二册，吉林出版社，2005，第46页。

变化而为万物提供生长所需的条件，类族辩物、因地制宜。"利物足以和义"①，"义"就是"推己及人"地广泛利益他人、万物。又"义者宜也"②，顺应不同条件，秉持着仁爱之心而以适宜的方式，具体情况具体而用，一体之爱的各种表现形式，在与广大群众的相处中展现出来。人人各有特点，也都有各自的德行能力，也都有各自的限度，只有让每个人都发挥自身长处、分工合作，才能实现各种事业的发展。费孝通先生曾说："各美其美，美人之美，美美与共，天下大同。"在与人相处中能够敬人推贤，自己有一定的能力但不张扬，而是注意观察他人所能，推举比自己更有修养、更有能力的人胜任相应的工作，这是智慧。就像让眼睛负责看、让耳朵负责听、让鼻子负责嗅、让大脑负责思考、让四肢负责行动，自然而成就配合协调的身体。在这些器官工作的同时，每个细胞都在充分发挥营养转换成能量的作用，为各个器官提供充足的能量，这样身体才能够耳聪目明、思维敏捷、行动有力。就像每个细胞不会因为器官不同而有供能的差异，它们会在供能的过程中牺牲自己成就全体。在一个团体中，君子也会为了全体发挥更大作用而甘愿默默付出，做幕后英雄，牺牲自己的名利荣耀，看到他人的成就就如同是自己的成就，正是一体之爱的大义。

（三）效法圣贤，修回初心

"夫大人者，与天地合其德。"圣人贤人的仁义之德如同天地，是君子修身治心的榜样。实际上仁义本为人之初心，然而在人事环境中，由于人际亲疏关系、风俗习惯、价值观念等差异，会造成对于初心不

---

① （魏）王弼：《周易正义》，（唐）孔颖达疏，余培德点校，九州出版社，2010，第26页。
② （宋）朱熹：《四书章句集注》，中华书局，2012，第74页。

同程度的限制。比如父母每天悉心照顾子女，久而久之子女就形成亲近父母的观念，而对于其他人自然产生陌生感，所以有所谓"怕生"的表现。实际上这是一种心理障碍，一旦产生就会禁锢天真本性，阻碍人与人之间以本来的爱心良性互动，造成误会、冲突，甚至伤害等消极结果。这些消极结果本来是不会发生的，即使已经产生，也可以通过发掘人性本具的能力而转变。所以君子修仁德而合本性，以"孝心"为原点，将对于父母的爱扩展于兄弟姐妹、老师朋友、领导同事、社会大众，正如《孟子》中所言，"老吾老以及人之老，幼吾幼以及人之幼"，恢复一体大爱。

　　君子通过观象玩辞体会德义而治心修身，不断从与人对立的心态复归彼此一体的认知，进而上升到物我一体的认识，发现人心之初皆如天地。首先"爱人者人恒爱之"①，当我们不图回报地善待他人，往往会收获意外的回报，这是人心好善的自然效果，正是因为人人皆有好善之德。体验到对人有益就是对自己有益，自然会"克己复礼"②，克服为己私欲恢复到天地无私仁爱之心，做到"不迁怒、不二过"③，从而与人和睦相处。人的爱心一旦扩展开来，就会推广到万事万物。我们看到颜子"一箪食，一瓢饮，在陋巷，人不堪其忧，回也不改其乐"④。颜子生活极其清贫，之所以还能"不改其乐"，正是因为明白了天地万物本来一体，对于他人外物的过度依赖、占有、使用，实际上是对一体真我进行剥削，害人终害己。所以颜子清心寡欲、用度节约，正是爱护万物、不与人争利的心念所致，这是对外的态度。而对

---

① （宋）朱熹：《四书章句集注》，中华书局，2012，第239页。
② （宋）朱熹：《四书章句集注》，中华书局，2012，第285页。
③ （宋）朱熹：《四书章句集注》，中华书局，2012，第187页。
④ （宋）朱熹：《四书章句集注》，中华书局，2012，第194页。

内如何能够清心寡欲、悠然自得地久处清贫呢？孔子说："不仁者不可以久处约，不可以长处乐。"① 只有内心充满仁爱，才能长久地处于看似窘困的境地而又长久地感到快乐。所谓"仁"就是合二人为一体，待人犹如待己，就不会有与人攀比的心理落差，也不会追求他人所享受的东西，就不会有求而不得的烦恼。再进一步，"学而时习之，不亦说乎"②，将所学的道理运用在日常生活、道德修养上，就会感受到其中真实长久的快乐。颜子曾向孔子问"仁"，孔子教他"非礼勿视，非礼勿听，非礼勿言，非礼勿动"③。颜子"拳拳服膺而弗失之"④，在生活中落实老师的教诲，在心地深处默默用功改过，所以能够"有不善未尝不知"⑤，只要自己有不善的心念或行为就会反省，"知之未尝复行也"，反省之后就不会再犯类似的错误。"礼之用，和为贵"⑥，礼的作用是"保合大和"，"和"是人心之初仁爱大义的自然效果。颜子行礼不断开发内心的大爱，温暖自己、充满喜悦，令身心和乐；同时运用自己的能力帮助一切需要帮助的人，总是以帮助他人为乐，就不会计较个人得失，让他人感到温暖就会受到人们的爱戴，"德不孤，必有邻"⑦，结交的朋友都是乐于奉献、无私博爱的人，甚至感化自私之人转变为无私之人，这是"美美与共"的和谐，"有朋自远方来，不亦乐乎"⑧！内外皆乐，才真正永恒。所以孔子赞叹："颜氏之子，其殆

① （宋）朱熹：《四书章句集注》，中华书局，2012，第157—158页。
② （宋）朱熹：《四书章句集注》，中华书局，2012，第113页。
③ （宋）朱熹：《四书章句集注》，中华书局，2012，第286页。
④ （宋）朱熹：《四书章句集注》，中华书局，2012，第56页。
⑤ （清）纪晓岚：《钦定四库全书荟要》第二册，吉林出版社，2005，第286页。
⑥ （宋）朱熹：《四书章句集注》，中华书局，2012，第122页。
⑦ （宋）朱熹：《四书章句集注》，中华书局，2012，第167页。
⑧ （宋）朱熹：《四书章句集注》，中华书局，2012，第114页。

庶几乎"，颜子复归本性大爱的程度几乎达到了圣人的境界，被后人称为"复圣"。

君子修德实际上是显发初心仁义而已，"明出地上，晋。君子以自昭明德。""德"通"悳"，是"外得于人，内得于己"①，《易经》之德义于外得于天地垂象、圣贤榜样，于内得于人性初心。圣人"生而知之"②，将其以卦象表示出来；君子"学而知之"，在心念言动之中按照卦象爻辞的指导"反求诸己"，从而修回与天地合德的初心。

综上，《周易》含摄辞、象、变、占四道于一德义，以天地圣贤为楷模，开篇即教君子"天行健，君子以自强不息"。"法象莫大乎天地"③，天体依自力而刚健运行，君子以初心自我勉励，言语行动莫不以天地之德为己德。始则履孝为基，修于一家；进而谦己全用，与人为善；终于复本自知，待人如己，至此可达天地之心。然而环境变换，难以保守，必须日夜恒固一贯，时时损忿窒欲，处处益善改过，不畏困境炼心，方能德行有常、化为己用。七卦修德之间便可体会人道与天地之道并列之理，只因道德不是外在标准，而是内在初心使然。初心得正，仁义自然流露于言行，和谐便随位升降、广播远迩。于一家则"父父，子子，兄兄，弟弟，夫夫，妇妇，而家道正"④；于一国则"信及豚鱼"⑤，信用能够普及到潜隐微小之处，就能够转化社会风气，"乃化邦也"；推于四海之外，"久于其道而天下化成"⑥。孟子认同

---

① （汉）许慎：《说文解字注》，（清）段玉裁注，上海古籍出版社，2012，第502页。
② 因缘生：《学庸衍义》，世界书局，2016，第153页。
③ （清）纪晓岚：《钦定四库全书荟要》第二册，吉林出版社，2005，第268页。
④ （清）纪晓岚：《钦定四库全书荟要》第二册，吉林出版社，2005，第156页。
⑤ （清）纪晓岚：《钦定四库全书荟要》第二册，吉林出版社，2005，第233页。
⑥ （清）纪晓岚：《钦定四库全书荟要》第二册，吉林出版社，2005，第145页。

"人皆可以为尧舜"①，人人都可以行圣贤之道、成久大业，只在于初心与天地本来同德，又以天地之道修正身心，"与天地合其德"便可创造美好。

第三节 人参天地，万德由己②

天道行健，地道势坤，而万物化生。万物之中唯有人顶天立地，能够参与自然而化生万物、参悟易道普周万事、参照天地道德变化气质。人之所以为人，第一在于人与天地合德，第二在于人能依靠自身德行把握吉凶，第三在于人有认识自身明德、彰显明德光明的价值目标。

一、自强厚德，同于乾坤

"天地感而万物化生"③，天地运行化生万物，天行乾道激发万物生发的动机，地行坤道成就万物的形体，天地感触万物，万物也以自身本具的乾坤道德响应，所以天地万物在本原意义上平等无二。《庄子·齐物论》上说："天地与我并生，而万物与我为一。"④ 人本来就是自然中的产物，与万物均具备乾坤之德。然而人"头圆象天，足方

---

① 黄侃：《黄侃手批白文十三经·孟子》，上海古籍出版社，2012，第70页。
② 秦芳：《人参天地——〈周易治要〉人生价值观研究》，《延安大学学报（社会科学版）》2017年第1期，第29—33页。按：本节内容全文引用，稍有改动。
③ （清）纪晓岚：《钦定四库全书荟要》第二册，吉林出版社，2005，第143页。
④ （清）王先谦：《庄子集解》，中华书局，2012，第31页。

履地,面南背北,左东右西,直立两间之中"①,能够"首出庶物",异于一般意义上的生命体,成为"天地之性最贵者"②,在于人能了解自身本具的乾坤之德,认识到"人之所以异于禽兽者几希"③,这"几希"之处就是人能觉悟"天命之谓性"④,而不停留于禽兽的蒙昧状态,也就使人具备了与天地并列为"三才"的资格。具体而言,乾坤之德在一人身心就表现为"自强"与"厚德"。

人的自强包括三个方面:初生的自强,成长的自强,和德性的自强。第一,人生而强,上千亿的精子中只有一个可以成功与卵子结合,胎儿在孕育的过程中处于狭小空间、闷热密闭,仅靠脐带供给营养,母体饮食冷暖都会给柔嫩的机体带来极大的刺激,如此忍受十月之久,出生时还要受到极大的压迫,所以说能够顺利出生的人本来就是强者,这是生机自然的强健。第二,一个人不断地成长、成熟,都是依靠自身不断的新陈代谢来完成,每七八年全身细胞就会更新一遍,甚至可以说人每天都是新的,这是自身成长发展的顽强。第三,也是最为重要的,人在道德学问上有自我激励、努力学习、不断改过得以开发自身德能的志向。"苟日新,又日新,日日新"⑤,这是真正意义上的自强,也就是德性的"自胜者强"⑥。人的乾德有"元、亨、利、贞"四种能力,其中"元者,善之长也",元是长养百善的动机;"亨者,嘉

---

① (唐)孙思邈,(明)张景岳,等:《中医解周易》,九州出版社,2015,第17页。
② (汉)许慎:《说文解字注》,(清)段玉裁注,上海古籍出版社,2012,第365页。
③ (清)焦循:《孟子正义》,中华书局,2011,第567页。
④ (宋)朱熹:《四书章句集注》,中华书局,2012,第17页。
⑤ (宋)朱熹:《四书章句集注》,中华书局,2012,第5页。
⑥ (唐)魏徵,褚亮,虞世南,等:《群书治要(校订本)》,中国书店,2014,第808页。

之会也"，亨是会集众美的通达；"利者，义之和也"，利是和谐物宜的公义；"贞者，事之干也"，贞是干济事业的坚守。元善、亨嘉、利义、贞干内含于人之乾德，所以"君子体仁足以长人，嘉会足以合礼，利物足以和义，贞固足以干事"。人启用自身乾德，自然就是仁爱万物、自尊树范，汇集嘉美、配合礼节，利益万物、和合众义，坚贞有守、干济事业，像天那样广包万物、护佑四方、调理时序、开启生机。所以，初生、成长和德性三方面的自强构成了"自强"的主要内容，令人类拥有像天一样护佑万物的心胸和能力。

人的厚德同样包括三个方面：度量的宽厚，担当的重厚和谦卑的忠厚。第一，一个人天然的度量可以从婴儿身上看出。"含德之厚，比于赤子"①，婴儿天真无邪，对待一切人事都是张开双手，全身心地接纳，回馈的都是笑容，没有好恶的区别对待。这就说明人本来的心胸可以容纳一切，这是宽厚的度量。第二，人肩平、体正、四肢灵活，生就一副荷担的骨骼。孩童乐于模仿，看到父母劳动，马上就会学习，当被交待做些家务或学校工作的时候，总是积极踊跃、自告奋勇，没有懈怠、推辞，这都是担当的表现。随着人的成长，凭借这样的态度，担当的能力可以无限提高，任何复杂、困难的工作都可以承担，所以说人的担当是重厚的。第三，厚德是谦卑的，"劳而不伐，有功而不德，厚之至也"②，勤劳而不自夸、有功绩而不以为是自己的功劳。就像舜帝赞叹大禹："汝惟不矜，天下莫与汝争能；汝惟不伐，天下莫与汝争功。"③ 大禹踏遍九州平治洪水，三过家门而不入，功劳相当大，

① （魏）王弼：《老子道德经注校释》，楼宇烈校释，中华书局，2011，第 145 页。
② （清）纪晓岚：《钦定四库全书荟要》第二册，吉林出版社，2005，第 261 页。
③ 黄侃：《黄侃手批白文十三经·尚书》，上海古籍出版社，2012，第 5 页。

仍然"推善让人",把功劳推给他人,胸怀就像江海处于百川之下那样有容乃大,像大地一样厚重,宠辱不惊、卑己尊人。"君子敬以直内,义以方外,敬义立而德不孤"①,尊敬他人所以内心正直,秉持正义所以行为规矩,内直外方都是坤德的启用,像大地那样含容万物、顺时而动、无私无求、长养万物。所以,宽厚、重厚和忠厚三方面的承载品质,使人类拥有了像大地一般成就万事的涵养和耐力。

之所以说"天行健,君子以自强不息。地势坤,君子以厚德载物",是因为人类亦有与天地同样的乾坤道德,人正是凭借自身的德能得以立足、成事的。

"天地交,泰。"② 人乾坤合璧为一体则身心通泰。乾主动而坤主静,就人体而言,身动而心静,天地相互交感则身心协调、健康愉悦。一方面,人体本是顺着天时规律而动,所以全身经脉通畅,血气流动不息,将营养输送到身体各个部位,四肢体格壮硕有力,精神焕发。一年当中春季主生发,人自然愿意活动锻炼、伸展筋骨,令精神振作;冬季主收藏,人自然喜静不喜动、收敛精神。一天当中,凌晨三点到早上九点是"日春",早上九点到下午三点是"日夏";下午三点到晚上九点是"日秋",晚上九点到凌晨三点是"日冬",人一天自然的作息规律同样顺应春生、夏长、秋收、冬藏的时节规律,这是乾德发挥的作用。另一方面,人心本静像大地,容纳异己、忍耐万差。"知止而后有定,定而后能静,静而后能安,安而后能虑,虑而后能得。"③ 人心像山一样能够阻止一切烦恼,将精神稳定,使内心达到平静,继而

①（清）纪晓岚:《钦定四库全书荟要》第二册,吉林出版社,2005,第50页。
②（清）纪晓岚:《钦定四库全书荟要》第二册,吉林出版社,2005,第78页。
③（宋）朱熹:《四书章句集注》,中华书局,2012,第3页。

生长智慧，智慧是真正的"虑"，因为有所得，"得"通"德"，智慧能够得到自身德性的无限开发，是生长的结果。文子所谓"神清意平，乃能形物之情"①，便是坤德发挥的作用。乾坤之德令人身行能量无穷、心神稳定持久，动静相宜、按时有序，健康长寿、神采奕奕。

"身修而后家齐，家齐而后国治，国治而后天下平。"② 一身有乾坤，一家、一国、天下亦有乾坤，广狭大小不同，但是道理相通。孔子曾赞叹："巍巍乎！唯天为大，唯尧则之。"③

上古五帝中的尧帝"聪明文思，光宅天下"④，他圣明的德行就像苍天一样，道德之光广包天下苍生。首先，尧帝"钦、明、文、思、安安"，以钦敬、明鉴、文教、睿思，令寻求安稳生活的民人庶物得到安宁，有天一样的无私护佑之德。其次，尧帝"允恭克让，光被四表，格于上下"，凭借诚信、恭谨、克己、谦让，令道德之光覆盖四方、贯通天地上下之间，名闻如天。德如昊天，自然荣享盛誉。而这些都由"克明峻德"，即以专务修身正己为起点而次第成就。"峻德"不出乾坤，而尧帝能够自强不息地彰显自身厚德，首先是因为他"亲九族"，以纯一亲爱之心，孝敬上通高曾祖父，慈爱下达子孙玄曾，使得父慈子孝、家族之伦有序亲睦；"九族既睦，平章百姓"，九族亲戚都能上下和睦，爱一家进而横向推广为爱众，所以能够公平地表彰百官的贤德；"百姓昭明，协和万邦"，百官的贤德得到昭明，进而得以协调和合四方的邦国；结果"黎民于变时雍"，以至于唐虞时代天下的民风普

① 《群书治要》学习小组：《群书治要译注》，中国书店，2014，第2931页。
② （宋）朱熹：《四书章句集注》，中华书局，2012，第4页。
③ （宋）朱熹：《四书章句集注》，中华书局，2012，第107页。
④ （唐）魏徵，褚亮，虞世南，等：《群书治要（校订本）》，中国书店，2014，第17页。

遍淳朴，"风俗大和"。尧帝以乾德为表，体仁长人、嘉会合礼、利物和义、贞固干事，以一身之德启示天下人人之德，使人人明晓自身本具普爱的乾德，如无私浩然之天资始万物生发；又以坤德为里，因势利导、长人良善、顺理人伦，以醇厚胸怀广容近亲远邻，人人得以各居其位、各自顺应时节、利用条件令自身德性发展、成熟，如博大安稳之地滋生品类万物。乾坤表里合二为一、久久不息，自然以一德化成天下万德。

　　进一步而言，"人皆可以为尧舜"①，因为人人皆有乾坤之德，与天地合同，这是人性本来面目，人只要意识到这一点，就都可以不断开发自身德性光明，与天地交相呼应。"同声相应，同气相求"，九族百姓黎民咸有此德，所以尧帝在位修身正己力行道德，万民皆能接受感化。反过来说，如果唯尧帝有明德而他人皆无，那么九族百姓黎民就不可能受尧帝德行感化，就像顽石、朽木那样不能产生共鸣、响应。

　　乾坤化生万物，万物皆具乾坤道德，而人参与两间又超然他物，只在能够觉知人性乾坤与天地合同而已。人修一身成德，立身行道，则能感化家人；一家成德，敦亲睦邻，则能带动邻里群众；群众成德，互亲互助，则能安定国家；国家成德，面向世界，则能推动世界和平。人的乾坤之德具备完善的能力，能够创造美好生活，所谓"人者，其天地之德"②。总之，"自强厚德与天地参"的人性论回答出人的本质是什么。

---

① （宋）朱熹：《四书章句集注》，中华书局，2012，第345页。

② （汉）郑玄：《礼记正义》，（唐）孔颖达疏，上海古籍出版社，2011，第917页。

二、悔吝吉凶，易以万德

"方以类聚，物以群分，吉凶生矣。"① 四方水土各聚其类，适应类似环境者自然聚集到一处；而各方品物又因群而分，大同里面有小异，所以自然分成不同群落。所谓"吉凶"就在于是否适合方物生长，"顺其所同则吉，乖其所趣则凶"。人参天地而为人，不但在于认识到自身乾坤之德与天地相通，还在于能够参悟到人事吉凶趋势能够运用乾坤德能的变易之道进行转化。乾坤元德相感相交，能变化成六种子德，即震、巽、坎、离、艮、兑。其中震如雷动，迅猛有威；巽如风行，无微不至；坎如水流，利物不争；离如火焰，光明驱暗；艮如高山，持重知止；兑如川泽，润物无声。八卦之德相互激荡又成六十四卦，德能进一步细分；而各卦之德互含互摄、层层不尽，能够成就万卦万德，于境缘万象中影响人事，则因时因地有吉凶悔吝。"吉"包含"吝""无咎""利""庆"等，"凶"包含"悔""殃""乱"等。具体而言，德用吉凶与位、时相关。

首先，以德配位则吉。乾卦"九三，君子终日乾乾，夕惕若厉，无咎"。三为阳位，以阳德相配为当，即乾健勤勉地努力工作；又在创始阶段的下体上位，是步入上体的关键阶段，所以应当珍惜光阴、夜以继日，不但白天勤奋学习、修养德行，夜晚更加警惕、以防疏忽，才能没有过失。乾卦"九五，飞龙在天，利见大人"。五位同样是阳位，又处于上体中间，要以"大人"的阳德相配，方能既中且正，事

---

① （清）纪晓岚：《钦定四库全书荟要》第二册，吉林出版社，2005，第248页。

业顺利。师卦"初六，师出以律，否臧凶"①。初为阳位，但是阴爻居之，是德不配位，就像新兵入伍还不懂规矩，所以统领部队最开始就要军令严明、纪律整肃，否则难以御敌；即使能够战胜，恐怕各自邀功、铸成大乱。否卦"九五，休否，大人吉，其亡其亡，系于苞桑"。在闭乱之世，居高位应以阳刚之德设法休止闭乱的状态，在岌岌可危的形势中建立稳定局面，才是大人所为的吉事。大有"上九，自天佑之，吉无不利"②。上为阴位，是势态之末，退休后本不该以阳德居上位，但是胸怀广大、包容善恶，并且有下体乾卦支持，说明德能顺天心、合民意，所以依旧吉利。贲卦"六五，贲于丘园，束帛戋戋，吝终吉"③。五为阳位且至尊，却以阴德处之，看似不当，但是这是为了求贤而自卑下人的德行；以束帛为礼，礼虽薄，但心意真诚，又能不辞劳顿地普查遍访，结果野无遗贤、事业干济，开始看似卑微吝啬，但最终结果同样吉祥。"不患无位，患所以立"④，地位职权并无好坏之分，全在于人的德行、才能是否发挥得当，顺应职位责任发挥适当的德才，往往是吉祥如意的结果。

其次，居位失德则凶。鼎卦"九四，鼎折足，覆公餗，其形渥，凶"⑤。四为阴位，仅次于五位，而阳德过亢，不能与五位呼应，就不能胜任工作，会导致失误、过错，乃至大祸。乾卦"上九，亢龙有悔"。上为阴位，却以阳德居之，正如《文言》中所说："知进而不知

---

① （清）纪晓岚：《钦定四库全书荟要》第二册，吉林出版社，2005，第68页。
② （清）纪晓岚：《钦定四库全书荟要》第二册，吉林出版社，2005，第87页。
③ （清）纪晓岚：《钦定四库全书荟要》第二册，吉林出版社，2005，第111页。
④ （宋）朱熹：《四书章句集注》，中华书局，2012，第72页。
⑤ （清）纪晓岚：《钦定四库全书荟要》第二册，吉林出版社，2005，第198页。

退，知存而不知亡，知得而不知丧。"如此高亢不止，下面又没有阴爻呼应，必然不能成事，自造悔恨。恒卦"九三，不恒其德，或承之羞"①。下体为巽、为风，上体为震、为雷，三位正由风接雷，时断时续，其德不能恒定，朝三暮四必然自讨羞辱。解卦"六三，负且乘，致寇至，贞吝"②。以阴德居阳位，如小人居君子位，虽享受君子待遇而乘车驾，却行小人之事而背负财物，"君子喻于义，小人喻于利"③，贪腐堕落，盗贼也会来盗其不义之财，自然招致耻辱。既济卦"九五，东邻杀牛，不如西邻之禴祭，实受其福"④。太平之世处于尊位的领导人，应该时常怀念开国祖先、战斗烈士之恩，继承他们的遗志、继续他们的事业，通过祭祀的方式追悼先烈，提醒自己承担的责任和义务，时刻不能懈怠、安逸，不断地解决民生问题、发展稳定局面，才能够在祭祀的时候将这些成绩告慰在天之灵，"慎终追远，民德归厚"⑤，即使用草芥之类当作祭品聊表心意，但也是凭借真实的功业和追悼先人的至诚之心，人民百姓自然会受感动、被感染，醇厚的民风也就兴起，这是国家真正长久的福祉所在；相反，如果国家得不到治理和发展，就算是杀尽牛羊也不能慰藉先烈，这样的祭祀就是徒劳无用的，反而会遭到人怨民反，转安为危。以上说明，无论处于什么位置，如果不能培养应有的德能，既不利于事业发展，也不利于自身前途。

再次，顺时而动则吉，背时而动则凶。师卦"上六，大君有命，

---

① （清）纪晓岚：《钦定四库全书荟要》第二册，吉林出版社，2005，第146页。
② （清）纪晓岚：《钦定四库全书荟要》第二册，吉林出版社，2005，第167页．
③ （宋）朱熹：《四书章句集注》，中华书局，2012，第73页。
④ （清）纪晓岚：《钦定四库全书荟要》第二册，吉林出版社，2005，第240页。
⑤ （宋）朱熹：《四书章句集注》，中华书局，2012，第50页。

开国承家，小人勿用"①。师卦上爻为大捷归来之时，最高领导人要注意论赏有序、轻重有别，功劳大则成其为开国诸侯，功劳小则成其为承家大夫，好利之人只可赏利、不能授权，这样才能保证胜利果实长久保存；否则不但不能享受胜利后的太平，反而会成为内乱的隐患。"天地交，泰，后以财成天地之道，辅相天地之宜，以左右民。"君臣志通、上下一心之时是开创太平政治的绝佳时机，此时在位君子应效法天地秩序治理社会、分工协作；顺天时、分地利，令百姓丰衣足食；如果此时贪图安逸，就会积累民怨、丧失人心，国将不国。"天地不交，否，君子以俭德避难，不可荣以禄。"② 国家动荡之时，人无论身居何位都应勤俭节约，如果恃位而骄、以禄为荣，就会招人妒忌，凶多吉少。"泽中有雷，随，君子以向晦入宴息。"③ 泽为兑，兑为正秋，此时雷收声为静息之象，君子于日落后而休息安养，顺应自然规律则身心安康；否则，精神散乱、体力耗费，会令人加速衰老、百病随之而来，所以"随时之义，大矣哉"。"损益盈虚，与时偕行"。泽水在山下日益侵蚀山体，如同愤欲会腐蚀人美好的品德，所以君子应当注意克制怒气、长养和气，也就是消减盈盛的愤怒，增益亏虚的和睦，才能长久发展；否则，怒气首先伤害自己的身心，进而言语、行为失当会破坏人际关系，甚至伤及无辜，就难以立足。以上说明，与时俱进、与时偕行是吉凶转化的重要因素，顺时用德就会平安顺利，逆时用德就会招致祸患。

德、位、时之间的关系错综复杂，但本于德、用于位而应于时，

---

① （清）纪晓岚：《钦定四库全书荟要》第二册，吉林出版社，2005，第 69 页。
② （清）纪晓岚：《钦定四库全书荟要》第二册，吉林出版社，2005，第 81 页。
③ （清）纪晓岚：《钦定四库全书荟要》第二册，吉林出版社，2005，第 98 页。

是正中之正。"时止则止，时行则行，动静不失其时，其道光明"，君子各居其位，应当抑止之时便抑止，应当行动之时则行动，动静都遵守本分，不逾越规矩，前途会一片光明。"君子以思不出其位"①，艮为山，有阻止的能力，人事而言就是守本分、尽职责，时局有阻则止于分内，时局通行亦以本分为根基，内养德能、外顺时机、无欲无求、专心致志，不骄不躁、稳若泰山，则可以长保平稳地发展。

总之，人"与天地合其德"的实质在于"抚育无私，同天地之覆载"②，乾坤二元交易变化为艮坎震、兑离巽，离日、坎月在人德为亲附、诚信，所以能"与日月合其明"；艮山、兑泽在人德为知止、言真，所以能"与四时合其序"；震雷、巽风在人德为义动、顺容，所以能"与鬼神合其吉凶"。阴阳变化无影无踪，而人能以德配位、顺时而动，暗合道妙、趋吉避凶。所以，人之吉凶皆在己之心行，是吉凶同体德福观。

三、效法乾坤，自昭明德

人与天地合德，也就是有与天地乾坤同样的"明德"③，更重要的价值在于明了自身德能、自觉开发其光明，即是"自昭"。就像太阳升出地面洒下一片光明。万物中唯人能明晓乾坤在己，它物皆在迷惑；而人受后天环境影响，也会产生各种性情、好恶，如《论衡·本性》所说："一岁婴儿，无争夺之心；长大之后，或渐利色，狂心悖行，由

---

① （清）纪晓岚：《钦定四库全书荟要》第二册，吉林出版社，2005，第208页。
② （清）李道平：《周易集解纂疏》，中华书局，2011，第64页。
③ （清）纪晓岚：《钦定四库全书荟要》第二册，吉林出版社，2005，第152页。

此生也。"① 人的本性之中并没有争夺的欲望，所以人在婴儿的时候恬然自得、无欲无求、惹人喜爱；但是长大以后受到身边人事的浸染，逐渐产生自己所偏好的利害、物色，养成争夺、占有的习性，由好恶而起争夺，就产生吉凶之分，这是"方以类聚，物以群分，吉凶生矣"② 的更深一层含义。由于习性与本性不相符，吉凶首先就产生于人性之中，会让人产生良知与欲望之争，令人不得安心，熙熙攘攘地追随欲望，这是最为深刻的凶恶之事。由此而发，则有家人之间反目成仇，君臣上下交相争利，强国凌弱攫取资源，人心终日惶惶不安，进而加剧恶性循环，最终导致天下大乱。所以"自昭明德"弥足珍贵。人唯有克服不良习气，逐步将改正错误的思想观念、言行举止，恢复到与天地同样广大无私的心胸、与万物四时同样的井然秩序，像尧舜那样由修身"明明德"③，而家人随之变化、亲睦整齐，百官服从管理、各尽其职，诸侯慕名而来、朝拜效法，为"亲民"，最终天下皆修善其身、乾坤清明，"止于至善"。《群书治要·史记》中记载了舜的事迹：

> 虞舜，名曰重华。父瞽叟顽，母嚚，弟象傲，皆欲杀舜。舜顺适不失，以孝闻。于是尧乃以二女妻舜，以观其内；使九男与处，以观其外。二女不敢以贵骄，九男皆益笃。舜耕历山，历山之人皆让畔；渔雷泽，雷泽上人皆让居；陶河滨，河滨器皆不苦窳。一年而所居成聚，二年成邑，三年成都。于是尧乃试舜五典、

---

① （汉）王充：《诸子集成·论衡》，中华书局，2010，第29页。
② （清）纪晓岚：《钦定四库全书荟要》第二册，吉林出版社，2005，第248页。
③ （宋）朱熹：《四书章句集注》，中华书局，2012，第3页。

百官，皆治；以揆百事，莫不时序。流四凶族，以御螭魅。尧乃使舜摄行天子政，尧崩，天下归舜。①

"风自火出，家人，君子以言有物而行有恒。"② 一家之顺出自一人之德，孝亲友悌、始终如一的德行方能感动家人。舜的祖祖辈辈皆"微为庶人"③，其亲生母亲早亡，其父瞽叟续弦，又生弟弟象。瞽叟为人顽劣不通情理，偏爱后妻和象，三人常常想方设法杀害舜。但是舜逆来顺受，总能在危及生命时巧妙躲避，而有小过失时就甘受惩罚，始终恪守为人子的本分，以孝德配子位，"顺事父及后母与弟，日以笃谨，匪有解"④，"即求，常在侧"⑤，自强不息、厚德载物，以至于"年二十以孝闻"⑥。尧帝选拔继承人时，四方首领都推荐舜，因为他在险恶的家庭环境下都能够顺事父母、团结兄弟、保全自身。因为明白自然的德能是无私的爱、包容与无穷的智慧，治理国家需要这样的人才。于是尧帝将两个女儿许配给他，为的是观察他在无人之处是否表里如一，结果舜"内行弥谨"⑦，还感动妻子"事舜亲戚甚有妇道"，皆以妇德配妻位；尧帝让九个儿子与舜来往，目的是考察他为人处事是否得当，结果舜的德行同样令九人的品行日益笃实。通过观察自己儿女在品行上的变化，尧帝就明了舜的德行不仅内外如一，而且足以

---

① （唐）魏徵，褚亮，虞世南，等：《群书治要（校订本）》，中国书店，2014，第239—240页。
② （清）纪晓岚：《钦定四库全书荟要》第二册，吉林出版社，2005，第156页。
③ （汉）司马迁：《史记》，韩兆琦译注，中华书局，2012，第46页。
④ （汉）司马迁：《史记》，韩兆琦译注，中华书局，2012，第47页。
⑤ （汉）司马迁：《史记》，韩兆琦译注，中华书局，2012，第48页。
⑥ （汉）司马迁：《史记》，韩兆琦译注，中华书局，2012，第49页。
⑦ （汉）司马迁：《史记》，韩兆琦译注，中华书局，2012，第50页。

启发他人的明德。"父父，子子，兄兄，弟弟，夫夫，妇妇，而家道正"，舜之明德首先在家族范围内产生影响。

与此同时，舜在历山耕作时谦退礼让，结果历山之人都变得相互谦让，不再计较、争执耕地的边界；舜在雷泽捕鱼，见到老弱就将深潭厚泽让出去，结果雷泽上的人也都争相尊老爱幼；舜在河滨制陶，十分耐心、仔细，结果河滨地区不论是谁做的陶器，都十分精致、没有瑕疵。这是谦恭之德产生的共鸣作用，"同声相应，同气相求"①，所以舜所居之处可以由"聚"而"邑"，由"邑"而"都"，像一个引力巨大的恒星，吸引越来越多的行星围绕。"地中有山，谦，君子以哀多益寡"②，舜将自己的所有与众人分享，就像高山甘愿推举大地在顶上一样的无私、谦卑，"天道亏盈而益谦，地道变盈而流谦，人道恶盈而好谦，鬼神害盈而福谦"，舜顺应天地的谦道，自然得到百姓的信服、推崇，以明德之光照耀社会基层百姓，百姓自然追随效法。

舜的明德远近闻名，受到尧帝的重用，历试诸难。举高辛氏"八元"③推广"五典"，慎重地推广五伦五常的道德教化，凭借八人美德令百姓都能遵循，化成父义、母慈、兄友、弟恭、子孝的风俗；"纳于百揆"，举用高阳氏"八恺"指导百官政务，百官都能有时有序地处理事务；"宾于四门"，谦恭有礼地迎接前往朝拜的诸侯使者，威仪远播；"纳于大麓"而不受烈风雷雨的阻挠；"流四凶族"④，将"毁信恶忠，

---

① （清）纪晓岚：《钦定四库全书荟要》第二册，吉林出版社，2005，第37页。
② （清）纪晓岚：《钦定四库全书荟要》第二册，吉林出版社，2005，第93页。
③ （汉）司马迁：《史记》，韩兆琦译注，中华书局，2012，第53页。
④ （唐）魏徵，褚亮，虞世南，等：《群书治要（校订本）》，中国书店，2014，第239页。

崇饰恶言"① 的共公（穷奇）流放到北部幽洲，把"掩义隐贼，好行
凶慝"的欢兜（浑敦）放逐到南部崇山，将"贪于饮食，冒于货贿"
的三苗（饕餮）窜投到西部三危，把"不可教训，不知话言"的鲧
（梼杌）诛杀于东部羽山，为民除害。由此，北狄、南蛮、西戎、东夷
的风俗大化，"四罪而天下咸服"②。"雷风，恒，君子以立不易方"③，
舜健行不息、兢兢业业，持久耐劳、忍辱负重，以恒久不变的品质在
国民教育、内政外交、环保国防等方面做出了出色的成绩，"圣人久于
其道而天下化成"，一人乾坤化成天下秩序，这是舜在国家政治方面的
影响。

通过层层考验，尧帝确信舜的明德足以为"圣"④，于是让出帝
位。舜接受帝位时并不以此为乐，因此在为尧帝服丧期满后"让辟丹
朱"⑤。结果"诸侯朝觐者不之丹朱而之舜，狱讼者不之丹朱而之舜，
讴歌者不讴歌丹朱而讴歌舜"，这是因为尧帝的儿子丹朱"傲，惟慢游
是好"⑥，而舜"能造御乎无为，运道于至和"⑦，以一人之乾坤，化
成天下之乾坤。德位皆至尊，而知进知退、无亢龙之悔，"其惟圣人
乎，知进退存亡，而不失其正者，其为圣人乎"！

孔子赞叹："舜其大孝也与！德为圣人，尊为天子，富有四海之

① （汉）司马迁：《史记》，韩兆琦译注，中华书局，2012，第 55 页。
② （唐）魏徵，褚亮，虞世南，等：《群书治要（校订本）》，中国书店，2014，第
　 17 页。
③ （清）纪晓岚：《钦定四库全书荟要》第二册，吉林出版社，2005，第 146 页。
④ （汉）司马迁：《史记》，韩兆琦译注，中华书局，2012，第 33 页。
⑤ （汉）司马迁：《史记》，韩兆琦译注，中华书局，2012，第 43 页。
⑥ （唐）魏徵，褚亮，虞世南，等：《群书治要（校订本）》，中国书店，2014，第
　 21 页。
⑦ （唐）魏徵，褚亮，虞世南，等：《群书治要（校订本）》，中国书店，2014，第
　 240 页。

内。宗庙飨之，子孙保之。故大德必得其位，必得其禄，必得其名，必得其寿。故天之生物，必因其材而笃焉。故栽者培之，倾者覆之。《诗》曰：'嘉乐君子，宪宪令德！宜民宜人，受禄于天；保佑命之，自天申之！'故大德者必受命。"①

舜本为庶民而始终自强不息，于初位"潜龙"顺奉子道、以孝闻名；上升至二位"见龙在田"，德化妻友、一家整齐；上升至三位"乾乾夕惕"，德聚人心、成邑成都；上升至四位"或跃在渊"，历试诸难、天下咸服；德尊九五"飞龙在天"而知进退、未尝亢傲。尽显乾德之用，免于上九之悔，此为坤德厚道。所以成就一生德业，"一人元良，万邦以贞"②，全在于自昭明德，"一人有庆，兆民赖之"③。

一言以蔽之，以认识自身明德为起点，进而常常以修身正己为务，敦伦尽分而齐家、尽职尽责而治国、转恶为善而平天下，都是修身顺应时位发挥作用的结果。如此"效法乾坤自昭明德"，是回归同体的价值观。

"自强厚德与天地合"的人性论、"悔吝吉凶在己心行"的德福观和"自昭明德"的价值观，构成了"人参天地"的修身观念。其中人性论为立身基础，离开本具乾坤道德，人无法为人；德福观点明吉凶同体，德即是福，命运是掌握在自己手中的，人生在世要做自己命运的主人；价值观阐释了做命运主人的基本原则，就是效法天地乾坤道德而恢复自身本具的德能。人本来参与自然，必定可以恢复自身明德；

① （宋）朱熹：《四书章句集注》，中华书局，2012，第26页。
② （唐）魏徵，褚亮，虞世南，等：《群书治要（校订本）》，中国书店，2014，第25页。
③ （唐）魏徵，褚亮，虞世南，等：《群书治要（校订本）》，中国书店，2014，第186页。

且参悟易道明了吉凶在己，必须做回自己的主宰；所以在自身明德尚未展现的时候，就要以自然为师，通过效法诛卦之德，不断修正自身不符合易道的行为和想法，变化气质、自昭明德是人之所以为人的价值所在。当人人皆"自昭明德"，共同体自然形成，或者说，恢复。

第三章　顺时应位：诚意正心

　　《说卦》曰："昔者圣人之作易也，将以顺性命之理也。是以立天之道曰阴与阳，立地之道曰柔与刚，立人仁之道曰仁与义。"圣人作易的目的在于让人明白"天地与我并生，而万物与我为一"① 之理体。所谓"易冒天下之道"②，"易"字上日下月，表明阴阳两极不二，乾坤两仪合二为一。"冒"意为"覆"，易道遍于一切，在人，即为"性"。人性本具天地之德，含藏乾坤于"易"，本包阴阳、物我一体。易体"无思也，无为也，寂然不动"③；而启用则能静能动，"感而遂通天下之故"。所谓"天命之谓性"④，本性初动便有"太极"之"命"，号令身体行天地之德，"命"与"性"其实一体两用。于是"易有太极，是生两仪"⑤，乾道"资始"广覆万物。在人，为"仁"，仁慈大爱；坤道"资生"育成品类，在人，为"义"，适宜至变。《乾凿度》："天动而施曰仁，地静而理曰义。"⑥ 初心既动，与物相感始分

---

① （清）王先谦：《庄子集解》，中华书局，2012，第31页。
② （清）纪晓岚：《钦定四库全书荟要》第二册，吉林出版社，2005，第266页。
③ （清）纪晓岚：《钦定四库全书荟要》第二册，吉林出版社，2005，第265页。
④ 黄侃：《黄侃手批白文十三经·礼记》，上海古籍出版社，2012，第196页。
⑤ （魏）王弼：《周易注》，楼宇烈校释，中华书局，2014，第243页。
⑥ （清）李道平：《周易集解纂疏》，中华书局，2011，第542页。

彼此，"两仪生四象，四象生八卦"①，彼我不同而生取舍。于是"八卦相荡"② 而成万殊之象，执于形器便忘失太极，以为物我分离。彼有我无而妄行争夺，彼恶我善而不识兄弟。本性初心已然迷乱，各执一身是己，不明天下一体，仁义何由而行？悔吝吉凶自此随人心性言动而生，"顺其所同则吉，乖其所趣则凶"，以其已有始因，随方类聚必有终果。但其间随时错综复杂而令人见终不知始，其时随位周流消息而令人知始不善终，岂不惑乎？究其根本，在于不明己德之全体大善。圣人作易无非是想让人顺万境纷繁存仁行义，以万事为由行义存仁。君子学易"自昭明德"，由末归本复见其"天地之心"，而于时时处处格物致知、正心诚意而立身行中正之道，初则敦伦尽分"而家道正"，中则"理财正辞"劝民为善，上则德光普恰"照于四方"。立身行道可以"为天地立心，为生民立命，为往圣继绝学，为万世开太平"，始终修善一身之德，而成为家和、国安、天下太平之积极分子。

第一节　慎始如矢，童蒙养正

"始"为"初也"，人从何而来？人何以为人？乾卦："乾：元、亨、利、贞。"《正义》引《子夏传》云："元，始也。亨，通也。利，和也。贞，正也。"此言天道变化其德大端有四：元始、亨通、利和、贞正。这是乾卦像天之德，天之性体纯阳，自然能以阳气促使万物萌发、成长，汲取天地之精华、顺时通达，万物共生而不违错、和谐互

---

① （魏）王弼：《周易注》，楼宇烈校释，中华书局，2014，第244页。
② （魏）王弼：《周易注》，楼宇烈校释，中华书局，2014，第232页。

利，继而使万物稳定成形而得其正，周而复始、螺旋上升，如植物生长依靠的光合作用就是将阳气转化为自身生长能量的过程。《文言》曰："元者，善之长也，亨者，嘉之会也，利者，义之和也，贞者，事之干也。君子体仁，足以长人，嘉会足以合礼，利物足以和义，贞固足以干事。"君子效法乾道，以开发自身仁爱初心存养百姓、繁荣事物为"元"，以嘉言美事会合不齐、畅通事理而为"亨"，以共通之义协调人事、均衡财物而为"利"，以正道示人而各得其正是为"贞"。

其中"元仁"为体，"亨利贞"为用。"大哉乾元，万物资始，乃统天"，万物因天时变化而生长壮大，所以天为万物统领。然乾道先于天而存在，亦存乎万物之中。天之所以运行不息是依靠乾德，是以乾德为天地万物统领。而万物亦本具乾德，否则不会随天时而变化。此为初心启动之用，先以元德长养自身善德，此为自爱。进而"云行雨施，品物流形"，乾元启动天时变化，而有云有雨，激发万物生长的初始动力。"流"为"择也，求也"①，品类万物各取所需而生出善根，以此爱人爱物则可亨通。"大明终始，六位时成"，"大明"无过于太阳照明而有白昼，地球周转而太阳升降有平旦、日出、早食、日禺、日正、日昳六位，形成昼六时。平旦为寅时（3点至5点），"潜龙勿用"以启发阳气；日出为卯时（5点至7点），"见（现）龙在田"，稍作运动；早食为辰时（7点至9点），已饮食补充阳气，则可"进德修业"；日禺为巳时（9点至11点），"或跃于渊"，如鱼得水、游刃有余；日正为午时（11点至13点），"飞龙在天"，大有作为；日昳为未时（13点至15点），"亢龙有悔"，日中则昃。君子此段时间应为之事终了，又开始下一时段应为之事，如此接连不断，六时皆勤勉不息，

---

① （清）张玉书，陈廷敬：《康熙字典》，上海辞书出版社，2015，第570页。

"终日乾乾"无时荒废。大明太阳昼有六位，日昃之后逐渐隐蔽，亦有夜六位，即日铺、日入、日夕、定昏、夜半和鸡鸣，形成夜六时。日铺为申时（15点至17点），日入为酉时（17点至19点），日夕为戌时（19点至21点），定昏为亥时（21点至23点），夜半为子时（23点至次日1点），鸡鸣为丑时（次日1点至3点）。"夕惕若厉"，昼夜皆不荒废，终而复始则德行有成。"立天之道曰阴与阳"，"立"为"行立"①，君子行天道而建立乾德，所以朝夕皆惜时用功，不断扩充仁爱之心，不令一时夹杂恶念，则纯阳之体得成，初心稳定不变化。"时乘六龙以御天，乾道变化，各正性命"②，顺应天时，仁爱万物，使其随乾道本能，生长变化，各自成就自家性命。曾子曰："君子爱日以学。"③ 因为爱人所以爱时，努力发挥能动性培养能力，学善而觉悟一体大德，则能把握天时用于变化气质，正己性命，成为命运主人，进而和睦家庭、造福社会。王弼注曰："大明乎终始之道，故六位不失其时而成也。升降无常，随时而用，处则乘潜龙，出则乘飞龙，故曰'时乘六龙'也。"此释乾道元仁之所以能够亨通之理，在于在适宜的时候、以适宜的方式将仁爱之心传给他人，"己欲利则利人，己欲达则达人"。仁爱施展的自然之效为大和，即"保合大和，乃利贞"。"保"为"守""全""养"④；"合"为"同""聚"⑤。既刚健不息又保持大众和睦，方利于干事。如果刚健而不与大众和睦，则为暴害之物，"不和而刚"。以乾德为首，则以持续不息的太和之气为首领，以仁爱之心

---

① （清）张玉书，陈廷敬：《康熙字典》，上海辞书出版社，2015，第833页。
② （清）纪晓岚：《钦定四库全书荟要》第二册，吉林出版社，2005，第30页。
③ （唐）魏徵，褚亮，虞世南，等：《群书治要（校订本）》，中国书店，2014，第857页。
④ （清）张玉书，陈廷敬：《康熙字典》，上海辞书出版社，2015，第30页。
⑤ （清）张玉书，陈廷敬：《康熙字典》，上海辞书出版社，2015，第102页。

使得身心愉悦、家人和睦、社会和谐，成为天下首领的模范，千邦万国自然各自安宁，"首出庶物，万国咸宁"。

同体心始于对自身明德仁爱的自信，同时相信"爱人者，人恒爱之"①。由仁爱的原点孝心扎根，不断成长为悌、谨、信、爱众、亲仁之心，诚意正心无私无求，格物致知博爱寰宇。天行有六时，人生亦有六时，由蒙而晋，由晋而大畜，由大畜而习坎，由习坎而大壮，由大壮而既济，将仁爱之心不断扩大、不断深化。如孔子"十有五而志于学，三十而立，四十而不惑，五十而知天命，六十而耳顺，七十而从心所欲，不逾矩"②。

一、蒙正升高，潜养初心

(一) 蒙养初心

幼时需要蒙卦导向正途。蒙卦，坎下艮上，象征着山下流出泉水是由于雨水浇灌山体充盈，渗入地下汇聚而成，所以山上的植被受雨水润泽而蒙稚初生，欣欣向荣，《象传》曰："山下出泉，蒙。"③ 此时如果和风细雨、阳光充足，植物就会自然正常成长；但是如果忽来狂风暴雨，柔嫩的叶苗必受摧折。此时犹如人生孩童之时，需要进行正确的教育引导，即"君子以果行育德"。"君子"为孩童的父母和老师，均是护佑孩童之人。"果行"为可得善果的行为，由于孩童善于模仿而不善于思辨，所以不能通过理论说教令其明白道理，而是要以具体行为让其观摩，通过身体力行培养其正确的行为规范，进而能够由善行

①　(清) 焦循:《孟子正义》，中华书局，2011，第595页。
②　(清) 刘宝楠:《论语正义》，中华书局，2011，第43页。
③　(清) 纪晓岚:《钦定四库全书荟要》第二册，吉林出版社，2005，第55页。

得善果，明了规矩之中的深刻道理，自然形成为人处事的正确方式，"少成若天性，习惯如自然"①，即"育德"。

当孩童开始思考时，便会发问，待有问而后教，才是启发智慧的时机。"匪我求童蒙，童蒙求我，志应也。"当孩童求问时，正是师资道合的教育良机，此时应予以启发，而不是灌输知识。一方面，孩童总会问"是什么""为什么"，这是他认知世界和建立价值观的初始阶段，需要适时地教导。但是不到苦思冥想时不要去提醒，不到欲说无语时不宜去引导，所谓"不愤不启，不悱不发"②。这是因为人本就可以凭借自己的力量开启智慧，小的疑惑会有小的悟处，大的疑惑会有大的悟处，这种悟处是由内而生的，不是外部强加的，所以培养起来的是长久稳定的智慧，像山一样稳固；长期如此蓄积，时机一到便可触类旁通、智慧无穷，像水一样源远流长、沟通江海。求教本身需要谦虚和恭敬的态度，培养起这样的品质，就能够如虚怀若谷般广泛接纳知识，不受个人成见的限制，海纳百川；同时懂得珍惜求教得到的答案，进而转化成为自身能力的宝藏，如同深山之珍，永不丧失。

孩童之时的主要任务是培养正直心地与行为，扎稳圣贤根基，"蒙以养正，圣功也。""正"字释为"守一以止"③。何为"一"？所谓"天得一以清，地得一以宁，神得一以灵，谷得一以盈，万物得一以生，侯王得一以为天下贞"④。乾父坤母合二为一，方有子女之生命，所以父母和兄弟姐妹为子女所守之"一"，在德即孝悌。"孝"，上

---

① （唐）魏徵，褚亮，虞世南，等：《群书治要（校订本）》，中国书店，2014，第369页。

② （清）刘宝楠：《论语正义》，中华书局，2011，第259页。

③ （清）张玉书，陈廷敬：《康熙字典》，上海辞书出版社，2015，第523页。

④ （唐）魏徵，褚亮，虞世南，等：《群书治要（校订本）》，中国书店，2014，第809页。

"老"下"子",表示父母与子女合二为一,孩童总是依恋父母;"悌"为"善兄弟"①,兄弟姐妹之间本能地相互亲比为一体。"孝悌也者,其仁之本与?"② 人若能守住这一初心,就能由亲爱父母、友爱兄弟姐妹之心,推广为热爱社会大众,乃至仁爱世界万物,成为立足天地之间的"大人",即大爱之人。

(二)升高自小

由幼及长,君子需要升卦谨慎修持。升卦的卦象为坤下巽上,巽卦为木,坤卦为地,"地中生木,升,君子以顺德,积小以成高大"③。树木从地中慢慢成长起来,象征着君子的美德一点一点积累壮大。其中"顺"同"慎",慎始方能善终。必须谨慎地积累正确的品德,避免错误或不当的行为思想在幼年形成习惯,否则"失之毫厘,差以千里"④。所以"谨庠序之教,申之以孝悌之义"⑤ 十分重要,只有家庭教育和学校教育才会将孩童心中关于孝敬父母和友爱兄弟的美德充分开发,才能让人充满爱的正能量。

孩童时期是培养正确观念和行为的根基之时,需要在家长和老师的呵护中积累德能,但不要过早地展现才华,过早地展现才华不是一件好事,会令孩童增长傲慢、不思进取,所以此时应"潜龙勿用"⑥。

---

① (清)张玉书,陈廷敬:《康熙字典》,上海辞书出版社,2015,第331页。
② (唐)魏徵,褚亮,虞世南,等:《群书治要(校订本)》,中国书店,2014,第193页。
③ (清)纪晓岚:《钦定四库全书荟要》第二册,吉林出版社,2005,第187页。
④ (汉)刘向:《说苑校证》,向宗鲁校证,中华书局,2011,第56页。
⑤ (清)焦循:《孟子正义》,中华书局,2011,第58页。
⑥ (宋)朱熹:《周易本义》,廖名春点校,中华书局,2011,第30页。

二、晋昭明德，身非真我

孩童养成基本的正确观念与行为后，对于自身德能有了基本认知，此时需要晋卦，立志不断进步。晋卦的卦象下为坤卦，为地，上为离卦，为火、为日；卦象象征着黎明的太阳生出地平线，"明出地上，晋。"此时人处于朝气蓬勃的少年时代，所以"君子以自昭明德"。"明德"仁爱本存在于人的心地之中，人效法晋卦"自昭"，以像太阳一般普照大地、温暖万物为志向，每日练习时刻启用仁爱之心处事接物，将掩盖爱心的障碍不断去除。既是爱护自己的仁爱性德，同时又能于大众中树立自己的威信。如舜能以孝行感动顽父、嚚母、傲弟，于耕历山、渔雷泽、陶河滨时损己利人而令人佩服效法。君子发挥自身能动性，随顺生命本有之令，成为命运主人，和睦家庭、造福社会，"以顺著明，自显之道"①。

少年时期虽德行见长，但并不宜担任重责，可于日常生活的人际交往和事务处理中体验仁爱之德带来的良善回报，验证"爱出者爱反，福往者福来"②，既增强信心，又不断发掘潜力，向着远大志向进步，则可以"见龙在田"③。

身不是"我"，但既为"我"所有、所用，便要珍惜、善用，驾驭一身而成大人之事，成就德义之真我。曾子曰："身也者，父母之遗体也。行父母之遗体，敢不敬乎？居处不庄，非孝也；事君不忠，非孝也；莅官不敬，非孝也；朋友不信，非孝也；战陈无勇，非孝也。

---

① （清）纪晓岚：《钦定四库全书荟要》第二册，吉林出版社，2005，第152页。
② （汉）贾谊：《新书校注》，闫振益、钟夏校注，中华书局，2007，第248页。
③ （宋）朱熹：《周易本义》，廖名春点校，中华书局，2011，第30页。

五者不遂，灾及于亲，敢不敬乎?"① 爱惜身体犹如尊敬父母，独居自知修身正意，居家懂得友爱兄弟，对上忠心尽职，对下体恤爱怜，交友诚信，方能独善其身、兼善天下，以一身小我，成天下大我。

三、大畜有颐，朝夕恭谨

(一) 大畜己德

青年时期人渐成熟独立，逐渐脱离父母老师的直接指导，而更多地要靠自己独立应对逐渐复杂的情况并作出决断选择，这就需要大畜卦储备足够多的智慧。大畜卦的卦象为乾下艮上，象征着所蓄积的见闻如山高出天空那般高远，即"天在山中，大畜"②。要做到这一点，需要"多识前言往行，以畜其德"。所谓"前事不忘，后事之师也"③，历史总是不断循环，前人经历的事情虽然不可能一模一样地重复出现，但是类似的事情背后都有着相同的因果规律，把握住这一规律就可以预料未来类似事情的后果，不必等到事情发生。无论读万卷书，还是行万里路，抑或阅人无数，都要将别人经验的得失当做自己的经历，从中领悟出"所以然"的道理，这就可以避免走很多弯路，为人生把握住正确的方向和时机，"物之可畜于怀，令德不散，尽于此也"。

大畜前人之德需要笃实、刚健。艮卦为山，山有笃实之德，对于前人的经验首先应有笃信的态度，然后理解真实内涵，感同身受才能从中获得实际利益。乾卦为天，天有健行不息之德，无论何时都不应

---

① (唐) 魏徵，褚亮，虞世南，等:《群书治要 (校订本)》，中国书店，2014，第149页。
② (清) 纪晓岚:《钦定四库全书荟要》第二册，吉林出版社，2005，第124页。
③ (汉) 司马迁:《史记全译》，陶新华译，线装书局，2016，第133页。

停止于前言往行中的体悟，而是努力升高自身德行之山，当冲出云霄便觉"会当凌绝顶，一览众山小"。《象传》曰："大畜，刚健笃实，晖光日新其德。"

（二）颐防口实

随着自身德能的增长，人在青年开始担任社会中的某些工作，人际关系日渐复杂，此时应当效法颐卦谨慎言语，以免祸患，节制饮食保持健康。颐卦的卦象为震下艮上，"山下有雷，颐"。山下响雷必定引起轰塌，雷震动的大小会对山体造成不同程度地毁损。震雷象征妄动，山象征君子的德行事业，即使事业高出天空，如果妄动就会不断毁损，迟早会付之东流。"祸从口出，病从口入"，妄动常由口出。比如宴会上饮酒没有节制而致醉，很可能随意地承诺，如果无法兑现，就会造成信誉的败损。再如饮食为人之生理必须，但如果不满足果腹之需而贪求美味珍馐，胡吃海塞对就会对身体造成负担，酿成疾病，甚至丧命。所以颐卦告诫"君子以慎言语，节饮食"。

青年之时如乾卦之九三，应当"终日乾乾"畜积德行，"夕惕若厉"慎言节食，方能在工作上和人际交往中得到"无咎"的结果。

四、习坎以定，跃于二位

以德为义的君子往往与熙熙攘攘的众人表现不同，在有德无位的情况下往往难以服人，造成一些困厄的状态，此时应当效法习坎卦在苦难中磨炼自信。习坎卦的卦象上下均为坎（☵），是大水不断冲来的险恶景象，"水洊至，习坎"。如同在生活工作中遇到不被信服的难题，如被人误解、触怒他人、不被信任等等，都会造成进退两难的状态。

此时"君子以常德行，习教事"，越是困厄之时，越要坚定地修养德行。保持恒常不变的德行，以行动证明正直品行必得善果，教人慢慢接受、反思，日久见人心自然会化解误会，退让、回避就可以缓和矛盾，言行有常，需要慢慢建立互信，以坚定的信心立行正道，久而久之使人理解、树立威信，自然渡过难关。《孔子家语·致思》中记载：

> 孔子自卫反鲁，息驾于河梁而观焉。有悬水三十仞，圜流九十里，鱼鳖不能导，鼋鼍不能居。有一丈夫，方将厉之。孔子使人并涯止之，曰："此悬水三十仞，圜流九十里，鱼鳖鼋鼍不能居也，意者难可济也。"
>
> 丈夫不以错意，遂度而出。孔子问之曰："子巧乎？有道术乎？所以能入而出者，何也？"
>
> 丈夫对曰："始吾之入也，先以忠信；及吾之出也，又从以忠信。措吾躯于波流，而吾不敢以用私，所以能入而复出也。"
>
> 孔子谓弟子曰："二三子识之，水且犹可以忠信成身亲之，而况于人乎？"①

大丈夫无需技巧、道术，只要守住忠信，就能够渡过湍流，这是心中坚定带来的胆量和气魄。坎卦的卦象为"☵"，中为阳爻，象征着心力坚定，而阴爻象征着困难，在信心坚定的人面前，再大的困难都不敌阳刚之气。

通过困难的考验，君子如果能够在德行上得到磨炼与提升，就从下体上升到上体"或跃在渊"，可以在困难之中游刃有余地跳跃，"习

---

① 孔子及其弟子：《孔子家语》，王国轩、王秀梅译，中华书局，2011，第89页。

于坎，然后能不以难为困，而德行不失常"，进于二位。

第二节 元善格物，修身齐家

"元者，善之长也"，如果说"始"是无善恶之分的自然德性，那么"元"便是取向于善的修身起点。君子之善"修于近小而不妄"的家人之中，何为夫妇之德？何为父母之德？何为兄弟姐妹之德？家庭如何恒久稳定？是这一节要讨论的问题。

一、二气咸感，夫义妇随

家庭始于夫妇、成于阴阳相合。男子天性阳刚，像天一样刚健有为；女子天性阴柔，像大地一样宁静笃实。天行阳气在外，包围大地而资始万物；地发阴气在内，呼应天时长养万物。阴阳二气，内外交感，化成无穷品类。夫妇效法天地之道，方可上养父母舅姑，下教儿女子孙，成就家族绵延不绝，即"女正位乎内，男正位乎外，天地之大义也"①。

夫妇之初以咸而感应道交。"山上有泽，咸。"咸卦艮下兑上，是少男少女相互感动之象。一方面，"以道交者天荒而地老"，男女相感不是因为财色，而是德行令双方相互欣赏，进而了解、相爱、相敬，共同升起成立家庭、承担养老育幼的责任心。唯有如此，婚姻才有稳定的根基。"柔上而刚下，二其感应以相与。"兑卦为阴卦，故柔。艮

---

① （清）纪晓岚：《钦定四库全书荟要》第二册，吉林出版社，2005，第156页。

卦为阳卦，故刚。柔上，象征丈夫敬妻子之德而待其如上，而不以自己能力为强为尊。"君子以虚受人"是婚姻的良好基础。"妻也者，亲之主也；子也者，亲之后也，敢不敬与？"① 妻子的主要责任是养老育幼，是家庭的重要事业，甚至比承担经济来源工作更加重要，因为这关系到一个家族的长久不息，所以丈夫应该尊重妻子。另一方面，艮在下为前，兑在上为后，丈夫也要成为妻子敬佩的德行模范，像舜之于二妃，文王"刑于寡妻"②。"感应以相与"，只有夫妻之间因为相互尊敬而愿意无私为家庭付出，才能齐心协力。

夫妻之别在于内外分工不同，异事而同理。一个家庭的存在需要外在的经济来源，与内在的子嗣传承，也就是外部工作和养老育幼，这就需要效法睽卦。睽卦，上离下兑，上离为火、为日，下兑为泽。"火动而上，泽动而下"，日出向上，是向外的趋势；泽水向下，是向内的趋势。"天地睽而其事同也"，即使天地相互距离甚远，但是它们共同创造了万物生灵。所以"君子以同而异"，夫妇虽有内外不同，但那只是因为各自适合的工作有差异，而共同目标都是实现家庭的长久发展、子孙健康成长。"同于通理，异于职事"，也只有分工协作才既能保障经济来源稳定，又能保证老人子女有人看护、管教。

夫妇之恒在于不离不弃。长久的夫妇才有稳定的家庭，稳定的家庭才能构成和谐的社会，社会和谐发展才能让每个人实现幸福人生。而夫妻长久之道要效法恒卦。"雷风，恒"，恒卦，巽下震上，巽为长阴，震为长阳，长阴谦逊在内则有家人安稳，长阳行动在外则有蓬勃

---

① （唐）魏徵，褚亮，虞世南，等：《群书治要（校订本）》，中国书店，2014，第215—216页。

② （唐）魏徵，褚亮，虞世南，等：《群书治要（校订本）》，中国书店，2014，第55页。

事业，两者"合而相与"内外协调，雷与风永远相伴、彼此心心相印，为"可久之道"。后汉的宋弘即是不弃"糟糠之妻"的模范丈夫。《后汉书》记载宋弘为人刚正不阿，为光武帝的姐姐湖阳公主所倾慕。当时公主丧夫，光武帝想替姐姐说媒，于是试探宋弘：

> 时帝姊湖阳公主新寡，帝与共论朝臣，微观其意。主曰："宋公威容德器，群臣莫及。"帝曰："方且图之。"后弘被引见，帝令主坐屏风后，因谓弘曰："谚言'贵易交，富易妻'，人情乎？"弘曰："臣闻'贫贱之知不可忘，糟糠之妻不下堂'。"帝顾谓主曰："事不谐矣。"①

面对成为皇亲国戚的机会，宋弘依旧不为之动容，正是因为感念原配夫人陪伴自己走过的风雨，如雷风相随。《诗经》曰："关关雎鸠，在河之洲。"② 雎鸠鸟是一种终身一夫一妻的禽类，如果一对雎鸠中有一只丧生，另外一只将孤独一生。禽类尚且如此，人呢？所谓"君子以立不易方"，既然结成夫妇，就要遵守道义、相伴一生，"可以人而不如鸟乎"③？

"父父，子子，兄兄，弟弟，夫夫，妇妇，而家道正"，父母效法天地而无私教导养育子女，子女孝敬父母、友爱兄弟姐妹，夫妻相助相守，家庭也就走上了正常运行的轨道。如果每个家庭都能正常、恒

---

① （唐）魏徵，褚亮，虞世南，等：《群书治要（校订本）》，中国书店，2014，第502—503页。
② （唐）魏徵，褚亮，虞世南，等：《群书治要（校订本）》，中国书店，2014，第40页。
③ （汉）郑玄：《礼记正义》，（唐）孔颖达疏，上海古籍出版社，2011，第2239页。

久地存在发展，那么天下也就安定了，"正家而天下定矣"。

总之，二位君子之善"修于近小而不妄"的家人之中。为父母，则有乾坤刚柔之德，而六子动静有常；为六子，则长幼有序而兄友弟恭，孝在其中；一家之核心在于夫妇以咸相感，"二气感应以相与"，而睽卦的"同于通理""异于执事"，家人方能各自正位而得"长阳长阴合而相与"之恒久稳定。

二、家有严君，乾父坤母

"家人有严君焉，父母之谓也。"① 乾坤为父母，乾刚坤柔则天地安定。"父，矩也。家长率教者"②。为父之严在于严于律己、为子表率，以阳刚正直树立家规家范。"母，慕也"③，是"婴儿所慕也"。为母之严在于严于律己、慈爱子女，以爱语善言引导子女遵循规范。

乾刚之严父如周公以德正身，而使伯禽趋跪。"周公旦者，周武王弟也。自文王在时，旦为子孝，笃仁，异于群子。"④ 周公作为文王的儿子，十分孝顺，作为武王的弟弟，十分恭敬，德才皆美，曾为武王祷祝代疾。《史记》记载武王克商的第二年身患疾病，而周公"自以为质"代替武王，设坛向祖先祷告："惟尔元孙王发，勤劳阻疾。若尔三王是有负子之责于天，以旦代王发之身。旦巧能，多材多艺，能事鬼神。乃王发不如旦多材多艺，不能事鬼神。乃命于帝庭，敷佑四方，用能定汝子孙于下地，四方之民罔不敬畏。无坠天之降葆命，我先王亦永有所依归。今我其即命于元龟，尔之许我，我以其璧与圭归，以

---

① （清）纪晓岚：《钦定四库全书荟要》第二册，吉林出版社，2005，第156页。
② （清）张玉书，陈廷敬：《康熙字典》，上海辞书出版社，2015，第642页。
③ （清）张玉书，陈廷敬：《康熙字典》，上海辞书出版社，2015，第538页。
④ （汉）司马迁：《史记全译》，陶新华译，线装书局，2016，第501页。

俟尔命。尔不许我，我乃屏璧与圭。"周公为了哥哥的健康，不惜减损自己的寿命为其祝祷，这是对于兄长的至真亲爱之心。所谓"兄弟睦，孝在中"，亲爱兄弟也就是对于父母的孝顺。孝悌为仁之本，周公孝悌之心发挥至极致，而武王的疾病果然有了起色。周公以自身之德之美严格规范儿子伯禽，使之成为彬彬有礼的君子。《尚书·大传卷四》记载：

> 伯禽与康叔封朝于成王，见周公，三见而三笞。康叔有骇色，谓伯禽曰："有商子者，贤人也，与子见之。"康叔封与伯禽见商子，曰："某某也，日吾二子者朝乎成王，见周公，三见而三笞，其说何也？"商子曰："二子盍相与观乎南山之阳？有木焉名曰桥。"二子者往观乎南山之阳，见桥竦焉实而仰，反以告乎商子，商子曰："桥者父道也。"商子曰："二子盍相与观乎南山之阴？有木焉名曰梓。"二子者往观乎南山之阴，见梓勃焉而俯，反以告商子，商子曰："梓者子道也。"二子者明日见周公，入门而趋，登堂而跪。周公拂其首，劳而食之，曰："安见君子？"二子对曰："见商子。"周公曰："君子哉商子也。"[1]

周公教子未说一言，而是"笞"，即"耻也，凡过之小者捶挞以耻之"[2]。这是一种教育方式，通过让人感到羞耻而激发他学习求知的欲望，这是激发人的主观能动性，而不是灌输。伯禽确实感到疑惑羞耻，进而求问商子。商子也确实高明，用"乔梓"为喻启发伯禽无识之物

---

[1] （汉）刘向：《说苑校证》，向宗鲁校证，中华书局，2011，第59—60页。
[2] （清）张玉书，陈廷敬：《康熙字典》，上海辞书出版社，2015，第840页。

尚且知道尊卑礼节，何况人呢？于是伯禽领悟"父尊子卑"为自然之礼，也就从心底真正升起了对于父亲的敬意。

坤柔之慈母如周室三太，相夫教子、念兹在兹，贞静柔止而为子女的安稳依靠，成就德行。首先，坤道至顺"承天而时行"①，母亲随顺父亲的决策，可以培养子女对于父亲的尊敬，而使一家人心凝聚在一起。周王季之母太姜"贞顺率导，靡有过失"②，无论太王是为了保全民众生命安危而让财、让地，还是让出政权于薰育戎狄，太姜都支持丈夫的义举，毫无怨言。夫妇威信之于国民如天地，以至于太王从豳地迁徙到岐山，国民也愿意放弃故土追随。其次，坤母"至静而德方"，能够静心止虑地涵养方正心性；"至柔而动也刚"，心地柔软包容，而行为刚正不阿；所以能"含万物而化光"，孕育出品性端正的后代。周文王之母太任本性"端一诚庄，惟德之行"，身怀文王时"目不视恶色，耳不听淫声，口不出敖言"，眼耳收到的都是良善的信息，口里说出的也都是温和的话语，母体提供良好的胎教，以至于文王出生便有"明圣"之德，能"以一而识百"。这是因为胎儿孕育十月之久，与母体息息相关，母亲喜怒哀乐的情绪都成为胎儿后天最初的土壤。就像种子在土地中，土壤肥沃则种子成长茁壮，土壤贫瘠则种子成长受限。母亲的心态思虑都会潜移默化地形成胎儿的性情。所谓"人生而肖万物者，皆其母感于物，故形音肖之。"最后，"君子敬以直内，义以方外，敬义立而德不孤"，坤母内心正直而行动随顺乾父，使得家庭齐整，一则子孙贤孝、家族绵延，一则邻里相观而善、移风易俗。周武王之母太姒"旦夕勤劳，以进妇道"，"教诲十子，自少及长，未

---

① （清）纪晓岚：《钦定四库全书荟要》第二册，吉林出版社，2005，第49页。
② 张敬：《列女传今注今译》，台湾商务印书馆，1994，第13—14页。

尝见邪僻之事"，而有武王、周公之德。《诗》曰："大姒嗣徽音，则百斯男。"周武王能够取得诸侯拥护而取代昏庸的商纣王，周公能够辅佐成王创建"成康之治"，首要原因在于母教有厚德。所谓"积善之家，必有馀庆"，周代八百余年的业绩有赖于三位坤母提供了培养贤德子孙的优质土壤。

"天尊地卑，乾坤定矣。"① 乾父树立规矩、指示时序而受人尊敬，坤母涵养静谧、培养子嗣而卑己处下，为后代打开了广阔而安定的天地，为子孙树立了家庭和睦的典范，一家整齐由此开始。

三、六子参伍，兄友弟恭

乾坤生六子：长男为震，中男为坎，少男为艮；长女为巽，中女为离，少女为兑。六子各有德能：震为雷，行动无畏；坎为水，利益万物；艮为山，止恶养善；巽为风，谦逊顺人；离为火，扬人之善；兑为泽，常予喜悦。兄弟姐妹同气连枝，应当兄友弟恭、互相帮助，"参伍以变，错综其数"② 充分实现德才互补，促进家业发展。

在家，长幼有序，则兄弟姐妹团结互爱，一家孝悌可成社会随顺之典范。子女出生必有先后次序，如随卦中震下为先，兑上为后，是弟妹依顺兄姊之象；长男在下，将少女推举于上，象征兄妹护助弟妹。管子说："为人兄者宽裕以诲，为人弟者比顺以敬。"③ 六爻如六子一次成列，一家秩序井然。宋朝陈昉一家十三代长幼七百多人，但是一直和睦地住在一起，兄友弟恭、相亲相爱，就连家里养的一百多条狗

---

① （清）纪晓岚：《钦定四库全书荟要》第二册，吉林出版社，2005，第247页。
② （清）纪晓岚：《钦定四库全书荟要》第二册，吉林出版社，2005，第264页。
③ 黎翔凤：《管子校注》，中华书局，2012，第198页。

都感染了家庭秩序的气息，总是聚齐才会一同进食。当地乡亲也受到陈家家风的熏陶而很少有争讼之事。《宋史》记载：

> 昉家十三世同居，长幼七百口，不畜仆妾，上下姻睦，人无间言。每食，必群坐广堂，未成人者别为一席。有犬百余，亦置一槽共食，一犬不至，群犬亦皆不食。建书楼于别墅，延四方之士，肆业者多依焉。乡里率化，争讼稀少。①

兄弟姐妹生来就有长幼次序，同时生来就有友悌之情，长男长女因为年龄较长，又跟随父母身边最早，所以往往有父母一样的呵护之心，对于弟妹迁就、照顾较多。与此同时，弟妹年幼时受到兄姊的照顾就会感念在心，升起像对父母一样的尊敬之情。兄长的行动往往成为弟妹乐意的追随对象，"泽中有雷，动悦之象"②。所以作为兄长要有震雷修省的意识，不断提醒自己改正缺点，以免误导弟妹；要有巽风谦逊的意识，把利益让给兄弟姐妹，建立互信、化解误会，促进家庭团结，"物皆悦随，可以无为"。

长兄如父，长女如母，时刻以护助弟妹为责，以此大义可以令人猛醒向善。雷声一响令人震惊，"威震惊乎百里"③，震为长子，应威慑险恶的人事，"以恐惧修省"，保护弟妹不受伤害。风行无所不入，如同姐姐对于弟妹时时刻刻关怀备至。汉代的赵孝就是在恶人面前不惜牺牲自己，也要保全弟弟生命的兄长。《后汉书》记载：

---

① （元）脱脱等：《宋史》，中华书局，2012，第 10395 页。
② （清）纪晓岚：《钦定四库全书荟要》第二册，吉林出版社，2005，第 98 页。
③ （清）纪晓岚：《钦定四库全书荟要》第二册，吉林出版社，2005，第 204 页。

赵孝字长平，沛国蕲人也。父普，王莽时为田禾将军，任孝为郎。每告归，常白衣步担。尝从长安还，欲止邮亭。亭长先时闻孝当过。以有长者客，扫洒待之。孝既至，不自名，长不肯内，因问曰："闻田禾将军子当从长安来，何时至乎？"孝曰："寻到矣。"于是遂去。及天下乱，人相食。孝弟礼为饿贼所得，孝闻之，即自缚诣贼，曰："礼久饿羸瘦，不如孝肥饱。"贼大惊，并放之，谓曰："可且归，更持米糒来。"孝求不能得，复往报贼，愿就亨。众异之，遂不害。乡党服其义。州郡辟召，进退必以礼。举孝廉，不应。①

"雷电噬嗑"，天下大乱的时候，人已经堕落到食人的地步，人为了活着，变成了行尸走肉的恶魔，如同噬嗑卦的卦象震下离上，为颐中含骨（颐卦，震下艮上，为朵颐、为口，而噬嗑卦九四如人骨含于口中），为了自己生存而不惜伤害他人生命。面对死亡，长兄毅然挡在弟妹面前，就像噬嗑卦的卦象中所示，震卦长男在外，保护离卦中的女性，这是人性之中的共鸣之处，所以赵孝能以为兄之道的大义凛然震慑食人之人，唤醒他们心中的良知，《大学》云："宜兄宜弟，而后可以教国人。"②

弟妹感念兄姊护佑之恩，而敬顺回馈。弟妹对于兄姊的尊敬如鼎卦，兑下离上，"木上有火"，长女为兑、为木，中女为离、为火，家业由木而生，由火而旺，如同周公之敬兄而教侄。武王克商而早逝，周公辅佐年幼的成王，不惜减损自己寿命，身披流言。《史记·鲁周公

---

① （宋）范晔：《后汉书》，（唐）李贤等注，中华书局，2012，第873页。
② （汉）郑玄：《礼记正义》，（唐）孔颖达疏，上海古籍出版社，2011，第2251页。

世家》记载：

> 武王既崩，成王少，在强葆之中。周公恐天下闻武王崩而畔，周公乃践阼代成王摄行政当国。管叔及其群弟流言于国曰："周公将不利于成王。"周公乃告太公望、召公奭曰："我之所以弗辟而摄行政者，恐天下畔周，无以告我先王太王、王季、文王。三王之忧劳天下久矣，于今而后成。武王蚤终，成王少，将以成周，我所以为之若此。"于是卒相成王，而使其子伯禽代就封于鲁。①

> 成王长，能听政。于是周公乃还政于成王，成王临朝。周公之代成王治，南面倍依以朝诸侯。及七年后，还政成王，北面就臣位，匔匔如畏然。②

《新书》有言："弟敬爱兄谓之悌。"③ 周公敬爱兄长，而用心教导侄子完成兄长未完成的事业，为了家业长久，不畏惧流言、鞠躬尽瘁，所以能够"鼎成新"，为周朝八百载的辉煌奠基。

第三节　悦孚邻里，亨通化邦

《文言》曰："亨者，嘉之会也"。"嘉"，为"美"，为"善"④；"亨"按人事说为礼，行礼周旋揖让，行列秩然，众美荟萃，文明庄

---

① （汉）司马迁：《史记全译》，陶新华译，线装书局，2016，第503页。
② （汉）司马迁：《史记全译》，陶新华译，线装书局，2016，第504页。
③ （汉）贾谊：《新书校注》，闫振益，钟夏校注，中华书局，2007，第303页。
④ （清）张玉书，陈廷敬：《康熙字典》，上海辞书出版社，2015，第133页。

严，故曰"嘉之会"①。孔颖达疏曰："（圣人）又当以嘉美之事，会合万物，令使开通而为'亨'也。"② "君子能使万物嘉美集会，足以配合于礼，谓法天之'亨'也。"③ 三位君子处于基层社会中，如何令美善的人事汇聚到一处？如何令大众同样升起仁爱之心？是这一节要讨论的问题。

一、劳谦服众，中孚立信

（一）劳谦有终

与百姓相处，首要的德行是谦卑服务而不居功，像谦卦所表示的那样卑己推人。谦卦，下艮为山、为突出之物，上坤为地、为众，是高山居于大地之下的象征，《象传》曰："地中有山，谦。"④ 高山之所以能够屈居土地之下，是因为高山知道自己的形成离不开大地土壤的堆积，知道自己由何而来，知道先有大地而后才有高山，所以感念大地之德而将大地推举其上。君子观此应明白身居高位、成就事业离不开百姓的支持，所以要推举众人之功、卑己尊人，"谦谦君子，卑以自牧也"。

"九三，劳谦，君子有终，吉。"⑤ 谦虚不是表现在言语上的谦逊，而是表现在具体行动上，时刻为百姓着想、处处为百姓服务。只有不

① （清）刘思白：《周易话解》，上海三联书店，2015，第21页。
② （魏）王弼：《周易正义》，（唐）孔颖达疏，余培德点校，九州出版社，2010，第14页。
③ （魏）王弼：《周易正义》，（唐）孔颖达疏，余培德点校，九州出版社，2010，第27页。
④ （清）纪晓岚：《钦定四库全书荟要》第二册，吉林出版社，2005，第93页。
⑤ （清）纪晓岚：《钦定四库全书荟要》第二册，吉林出版社，2005，第94页。

辞辛劳地为百姓办事，才能实现吉祥的结果，那就是团结人心、令人心服口服。东汉的任延就是这样一位时刻为人民服务的劳谦君子。《后汉书》记载：

> 任延字长孙，南阳宛人也。拜会稽都尉。时年十九，迎官惊其壮。及到，静泊无为，唯先遣馈祠延陵季子。聘请高行如董子仪、严子陵等，敬待以师友之礼。掾吏贫者，辄分奉禄，以赈给之。是以郡中贤士大夫，争往官焉。建武初，延上书乞骸骨，归拜王庭。诏徵为九真太守。九真俗以射猎为业，不知牛耕，民常告籴交址，每致困乏。延乃铸作田器，教之垦辟，百姓充给。又骆越之民，无嫁娶礼法，各因淫好，不识父子之性、夫妇之道。延乃使男女皆以年齿相配。其贫无礼聘，令长吏以下，各省奉禄，以赈助之，同时相娶者二千馀人。是岁风雨顺节，穀稼丰衍。其产子者，始知种姓。咸曰："使我有是子者，任君也。"多名子为任。于是徼外、蛮夷、夜郎等，慕义保塞，延遂止罢侦候戍卒。①

九真地区以打猎为生，十分不稳定，任延就亲自制造工具，教百姓耕作。当地婚俗不当导致男女淫乱无度，不利于人口繁衍，于是任延制定礼仪，帮助百姓形成正常的家庭伦理。饮食、男女是人类生存繁衍最基本的民生问题，而解决这一问题往往最得民心，所以百姓感念任延的恩德，很多都以他的名字为自己子女的名字，"劳谦君子，万民服也"。

---

① （唐）魏徵，褚亮，虞世南，等：《群书治要（校订本）》，中国书店，2014，第562页。

（二）中孚议狱

君子在百姓中劳谦匪懈，得到的不过是群众的一时信服，而要得到百姓长久的信任，就要效法中孚卦。中孚卦，下兑上巽，下兑为泽、为悦，上巽为风、为入，风有无所不入的德能，泽有润泽万物使之喜悦成长之德，《象传》曰："泽上有风，中孚。"① 君子观此应知将爱众的信义推广到无所不至，可行的方式就是"议狱缓死"，借用职责宽宥罪犯，令人改过自新，给予重新做人的机会，才会让人相信君子的仁爱之心真实不虚。《孔子家语·致思》记载：

> 季羔为卫士师，刖人之足。俄而卫有乱，季羔逃之。刖者则守门焉，谓季羔曰："彼有缺。"季羔曰："君子不逾。"又曰："彼有窦。"季羔曰："君子不隧。"又曰："于此有室。"季羔入焉。既而追者罢，季羔将去，谓刖者曰："吾不能亏主之法而亲刖子之足。今吾在难，此正子报怨之时，而子逃我，何故？"刖者曰："断足，固我之罪也，无可奈何。曩者君治臣以法令，先人后臣，欲臣之免也，臣知之；狱决罪定，临当论刑，君愀然不乐，见于颜色，臣又知之。君岂私臣哉？天生君子，其道固然，此臣之所以悦君也。"②

季羔作为狱官，手掌生杀之权，时刻以全人性命、劝人改过为怀，"柔在内而刚得中"。虽然不能免除刑罚，但是仁爱之心已全然表现在行

---

① （清）纪晓岚：《钦定四库全书荟要》第二册，吉林出版社，2005，第233页。
② （唐）魏徵，褚亮，虞世南，等：《群书治要（校订本）》，中国书店，2014，第220页。

动之中，先判轻罪、后判重罪，犹豫迟缓是为搜集缓刑的证据；面色愀然是为必判重罪而不忍心的表现，等等。仁爱之心发于内心，表现在行动上，"悦而巽"感动了罪犯。虽然终究还是行使重刑，犯人依旧感念其德，"信发于中，虽过可亮"。孔子听说后赞叹道："善哉为吏！其用法一也，思仁恕则树德，加严暴则树怨。公以行，其子羔乎？"

中孚之德通过君子作为逐步深入人心，而君子在关系百姓利益的事情之中不断予以实惠，建立稳固而广泛的信任，将社会大众凝聚为一体，大众才能在共同体的相互需要中实现人生价值。子贡曾问政于孔子，孔子说："足食，足兵，民信之矣。"① 充足的食物、充足的兵力和人民充分的信任是政治稳定的三个要素。子贡进一步问："必不得已而去，于斯三者何先？"如果三者之中必须去掉一个条件，孔子的选择是"去兵"。因为军队是防御外敌之用，如果民富国强，而且人民爱国如家，自然形成防御，军队的形式并不重要。子贡继续追问："必不得已而去，于斯二者何先？"饮食与信用之间选择可以不必须者，孔子的选择"去食"，并且解释说："自古皆有死，民无信不立。"这是因为死亡是自然之事，如若人民对于自身所处社会没有归属感，即使是物质极大丰富，也会感到空虚孤独。人之所以生存不是为了饮食，而是为了在社会中有适合的定位而贡献自己的能力，无论崇高或卑微，都能得到大众的肯定，也就是社会大众之间的互相需要才能构成人生的完整。《象传》曰："豚鱼吉，信及豚鱼。"就连像小猪小鱼那样潜隐卑微之物都能在社会中找到自己的一席之地，不需要相互竞争、彼此伤害。"争竞之道不兴，忠信之德淳著"，这才是天地仁爱之心在人

① （唐）魏徵，褚亮，虞世南，等：《群书治要（校订本）》，中国书店，2014，第198 页。

事中应有的体现，其结果必定利人利己，"中孚以利贞，乃应天"。

二、噬嗑平讼，明夷莅众

（一）噬嗑明断

"人心惟危"[1]，人心都有自私的一面，一旦欲望膨胀，很容易因一己之私而巧言惑众以谋取私利。为了防止文饰之辞蒙蔽群众，君子应该效法噬嗑卦"明罚敕法"[2]，整顿纲纪伦常。噬嗑卦下离为电，上震为雷，都是明厉之象。《象传》曰："刚柔分，动而明，雷电合而彰。"上刚下柔而动静分明，雷电皆明都是昭示正义的德性。君子效法雷电分用而昭明正义，来惩治奸贪之人。《孔子家语·始诛》记载：

> 孔子为鲁大司寇，朝政七日而诛乱法大夫少正卯，戮之于两观之下，尸于朝三日。子贡进曰："夫少正卯，鲁之闻人也。今夫子为政而始诛之，或者为失之乎？"孔子曰："天下有大恶者五，而盗窃不与焉。一曰心逆而险，二曰行僻而坚，三曰言伪而辨，四曰记丑而博，五曰顺非而泽。此五者，有一于人，则不免君子之诛。而少正卯皆兼有之。其居处足以撮徒成党，其谈说足以饰褒荣众，其强御足以反是独立。此乃人之奸雄也，不可以不除。"[3]

---

① （唐）魏徵，褚亮，虞世南，等：《群书治要（校订本）》，中国书店，2014，第19页。

② （清）纪晓岚：《钦定四库全书荟要》第二册，吉林出版社，2005，第107页。

③ （唐）魏徵，褚亮，虞世南，等：《群书治要（校订本）》，中国书店，2014，第211页。

孔子上任七天便铲除一奸雄,不可不谓雷厉风行。而之所以如此坚决,正是因为孔子明确地认清少正卯心行皆邪。身为少正,为司法之官①,本应胸怀大义,卯却用心逆险;本应公正依法,卯却坚行邪僻;本应出言为信,卯却言语伪辩;本应弘扬正气,卯却博记人丑;本应实事求是,卯却因私顺非,可以说是德不配位,甚至是为大众树立了丑恶的典范。不仅如此,卯声望很高,还集结同党、蛊惑大众,更加容易破坏社会风气。最重要的是,这样的人学识渊博、势力强大,终将发展成为殃及群众的大恶,到时恐怕无人可以抗衡,如同癌细胞于人群中扩散,所以必须以迅雷不及掩耳之势予以破除。

(二) 莅众用晦

人因为想法多元,又各有成见,所以人多之处容易产生误会和分歧,导致纠纷,甚至争讼。此时君子应效法明夷卦避免斗争,"用晦而明"。明夷卦下离为明,在内,上坤为地,在外,如同太阳落入地平线下,《象传》曰:"明入地中,明夷。"是君子收敛光芒而逆来顺受,群策群力以平息纷争之象。周文王为西伯之时,因为平时默默行善而逐渐闻名于诸侯,诸侯有了纷争都请西伯评判。当时虞、芮两地之人有争执就去找西伯,谁知刚入周国地界,就看到耕地的百姓都礼让田畔,以敬让长辈为风。虞、芮之人都感到惭愧,说:"吾所争,周人所耻,何往为,只取辱耳。"于是还没见到西伯就返回了。诸侯听说这件事后都说"西伯盖受命之君"。但是崇侯虎却以此事在商王面前毁谤西伯,造成了西伯"羑里之囚"。《史记》记载:

---

① 林集友:《"少正卯"解》,《学术研究》1984 年第 4 期,第 47 页。

崇侯虎谮西伯于殷纣曰："西伯积善累德，诸侯皆向之，将不利于帝。"帝纣乃囚西伯于羑里。闳夭之徒患之，乃求有莘氏美女，骊戎之文马，有熊九驷，他奇怪物，因殷嬖臣费仲而献之纣。纣大说，曰："此一物足以释西伯，况其多乎？"乃赦西伯，赐之弓矢斧钺，使西伯得征伐。曰："谮西伯者，崇侯虎也。"西伯乃献洛西之地，以请纣去炮格之刑。纣许之。[①]

当时九侯将女儿献给商纣王，但九侯女因为不喜欢放纵情欲被怒杀，九侯也惨遭醢刑；而鄂侯因为九侯的事情与纣王争论，也惨遭杀害，足见当时政治昏暗。西伯昌听说后暗暗感叹，结果被崇侯虎发觉并借由毁谤，遭到关押。虽身困羑里，西伯昌却泰然处之，因为明白身处末世，应当隐没不显。于是悉心研究八卦之德而内自修养，丝毫没有反抗商王的想法，此为"内文明而外柔顺"。但是众人敬仰西伯之德设法相救，投昏君之所好，令其玩物丧志、疯狂至极，将晦暗否闭的局势推向尽头，物极必反，此为"用晦而明"。终于，西伯昌隐藏自己的德能，依靠群体的力量渡过难关。

三、解利行义，小过而亨

（一）解卦赦宥

处于百姓之中，务必以切实有效的方法启发百姓的仁爱之心，应当效法解卦。解卦，坎下震上，是雷响雨兴之象。《象传》曰："雷雨作，解。"天地间如果打雷下雨，那就是初春万物萌生的景象，各种植

---

① （汉）司马迁：《史记全译》，陶新华译，线装书局，2016，第42页。

物都裂开种皮，幼苗突破土层扎根冒芽。《象传》曰："天地解而雷雨作，雷雨作而百果草木皆甲坼。"君子效法此卦引导百姓向善，让人开发内在的良知，有效的方式是"赦过宥罪"。《孔子家语·始诛》记载：

> 孔子为鲁大司寇，有父子讼者，夫子同狴执之，三月不别。其父请止，夫子赦之焉。季孙闻之，不悦，曰："司寇欺余。曩告余曰：'为国家者，必先以孝。'今戮一不孝以教民孝，不亦可乎？而又赦之，何哉？"孔子喟然叹曰："呜呼！上失其道，而杀其下，非理也；不教以孝，而听其狱，是杀不辜也。三军大败，不可斩也，狱犴不治，不可刑也。何者？上教之不行，罪不在民故也。夫慢令谨诛，贼也；征敛无时，暴也；不诫责成，虐也。政无此三者，然后刑可即也。既陈道德以先服之，而犹不可，则尚贤以劝之，又不可，则废不能以惮之。若是，百姓正矣。其有邪民不从化者，然后待之以刑，则民咸知罪矣。是以威厉而不试，刑措而不用也。今世不然，乱其教，烦其刑，使民迷惑而陷罪焉，又从而制之，故刑弥繁而盗不胜也。世俗之陵迟久矣，虽有刑法，民能勿逾乎？"①

父子之间的争讼哪里敌得过亲情？关在一起的三个月里，父亲退去了一时的盛怒，提起了父亲以身作则教导子女的责任心，反思到儿子的过错一定与自己教育方式出问题有关，其实怪罪儿子不过是对自

---

① （唐）魏徵，褚亮，虞世南，等：《群书治要（校订本）》，中国书店，2014，第211—212页。

己失职的一种愧疚而恼羞成怒，冷静下来就会有解决问题的办法；儿子则退去了与父亲抗争的傲气，回想起自己从小到大都是父亲保护教导，如果没有父亲，自己的小命都不能保存，哪里有资格在父亲面前争强，便升起了感恩之心。孔子之所以关而不审，正是因为明白人人都有良知，只是一时糊涂而起争讼，如果此时能平息火气，内心的良知就会自我责备、自我纠偏。所以化解纷争的有效方式不是判罪用刑，而是启迪人的良知，教化先行，让人懂得为人的正义，自然可以转恶为善。以孔子的智慧，完全可以很快查清案情，给父子二人分别定罪，一则节约时间，二则实现政绩，三则不会受到上级的不满，一举而三得，何乐而不为？正是因为君子做事只为利益他人，而不是为了私利。花了三个月时间让父子二人反省，这是何等的耐心和信心？恐怕期间孔子也没少费口舌劝导解说。连父子至亲都能发展到告官的程度，完全不顾及家丑，孔子明了这是因为道德教化的工作失效。如果父子之间都有不可化解的冲突，那么与其他人岂不是更加容易发生冲突？如果人人冲突不断，整个社会就会成为战场，结果将是民不聊生。所以孔子苦口婆心地向季孙解释三月不别狱的原因，也是在启发季孙发起真正爱民如子的善心，而不是打着"孝"的旗号苛求百姓，那样将会把百姓推向"孝"的反面。所以身处一定职位，应当尽职尽责做有实效之事，而不是为急功近利地出成绩而不顾长远后果，做表面文章，欺世盗名，若如此，则会有"负且乘，致寇至"的下场。

（二）小过恭俭

君子处世还应效法小过卦，应当以自己的事情为小，以群众的事情为大。小过卦，艮下震上，是外动内止之象。君子观此应当推利于外，止利于内，"行过乎恭，丧过乎哀，用过乎俭"①。《史记·循吏传》记载：

> 公仪休为鲁相，奉法循理，无所变更，百官自正。使食禄者不得与下民争利，受大者不得取小。客有遗相鱼者，不受也。客曰："闻君嗜鱼，遗君鱼，何故不受也？"相曰："以嗜鱼，故不受也。今为相能自给鱼；今受鱼而免，谁复给我鱼者？吾故不受也。"食茹而美，拔其园葵而弃之；见其家织布好，而疾出其家妇，燔其机。云："欲令农士工、女安所雠其货乎？"②

《象象》曰："小过，小者过而亨也。"何谓"小"？关乎自身利益、自家利益的事情为小。而利益不仅是经济利益，更是包括政治利益、文化利益、社会利益和生态利益在内的有机整体③。处于三位的君子对于利益自己的小事稍加抑制，就可以减少享受的时间，有余力做利益他人的事情，等于是让利于民。如果人人都能在吃穿用度上节省一点，那么地球上的资源就可以持续地为子孙后代使用。小事细节上的节制，会造就对大众长远有利的积极效果。

三位处于下体之上，是因为德行出众；美善的人和事之所以能够汇聚到一处，是因为君子修身而爱家，由孝悌之心推广为爱众之心，仁爱之光照耀到社会大众，令大众同样升起仁爱之心，与人为善、成

① （清）纪晓岚：《钦定四库全书荟要》第二册，吉林出版社，2005，第236页。
② （唐）魏徵，褚亮，虞世南，等：《群书治要（校订本）》，中国书店，2014，第282—283页。
③ 巩克菊：《人的利益与思想政治教育创新》，中央编译出版社，2019，第169—170页。

人之美。又在上体之下，说明位置并不像四、五那样尊贵。但是正因位置处下，所以容易与普通百姓接触，也就容易了解民意、融入群众，此时需要劳谦服众、中孚立信之德，噬嗑平讼、明夷莅众之德，与解利行义、小过而亨之德，团结群众、移风易俗，则跃入四位。

第四章　顺时应位：殊涂同致

三位君子于百姓之中树立起威信，跃入上体，为国君近臣承上安下，与圣君相互呼应，日理万机以社稷为重。上体三爻虽与下体三爻处于不同时位，但是上下实为一体，通力协作才能成就伟业。

第一节　经纬制度，利和守国

什么是"利"？"利者，义之和也。""利"字，从禾从刀，是收获果实之意向。播种收割不是一人之功，而是大家联合互助的结果，所以只有包含公义，即"义之和"的利益才是真正惠及大家的利益。

一、坎险观民，守国以义

（一）习坎之御

人民集聚而形成国家，人民安居方能实现国家富强，四位君子应效法坎卦保卫国家。坎卦，坎下坎上，《象传》曰："水洊至，习坎。"

卦象是重重而来的大水，十分险要。《彖象》曰："习坎，重险也。"坎为水，大水连天自然阻挡去路，君子观此应考虑为国家设置强大的防御措施要像大水一般让人望而生畏，即"王公设险以守其国"。那么什么是最强的防御措施呢？是天险？"天险不可升也。"是地险？"山川丘陵也。"这些都是自然地形带给国家的防御，但是战国初期著名军事家吴起却认为，在位君子之德才是最佳防御。《史记》记载：

> 吴起……事其子（魏）武侯。武侯浮西河而下，中流，顾而谓起曰："美哉！山河之固，此魏国之宝也！"起对曰："在德不在险。昔三苗氏，左洞庭而右彭蠡，德义不修，禹灭之。夏桀之居，左河济，右泰华，伊阙在其南，羊肠在其北，修政不仁，汤放之。殷纣之国，左孟门，右太行，常山在其北，大河经其南，修政不德，武王杀之。由此观之，在德不在险。若君不修德，船中之人，尽为敌国也。"武侯曰："善。"①

魏文侯时期吴起就曾率魏军大败秦军，攻破秦沿洛水修建的防御工事，靠的是凝聚的军心。吴起"与士卒最下者同衣食，卧不设席，行不骑乘，亲裹嬴粮，与士卒分劳苦，卒有病疽者，起为吮之"，结果是，即使秦国防御再坚固，魏军战士也"战不旋踵"。所以他明白了自然物质的防御敌不过人心所向，所谓"得人心者得天下"。

（二）观民宾王

如何得民心？君子应效法观卦了解民意，辅佐君王改善民生、引

---

① （唐）魏徵，褚亮，虞世南，等：《群书治要（校订本）》，中国书店，2014，第266页。

导教化。观卦，坤下巽上，《象传》曰："风行地上，观。"① 六四君子观此卦象，应当像风一样深入群众，考察调研各地民情，依仁义行事，真正为百姓带去实惠，彰显君王仁德，而凝聚人心，"观国之光，利用宾于王"。战国时期齐国的冯谖正是这样以观德配六四位的君子。孟尝君想派人去薛地收回债务，其他门客都不愿揽事，只有冯谖挺身而出，为孟尝君"市义"而得民心。《战国策》记载：

冯谖曰："愿之。"于是约车治装，载券契而行。辞曰："责毕收，以何市而反？"孟尝君曰："视吾家所寡有者。"②

驱而之薛，使吏召诸民当偿者，悉来合券。券遍合，起矫命以责赐诸民，因烧其券，民称万岁。

长驱到齐，晨而求见。孟尝君怪其疾也，衣冠而见之，曰："责毕收乎？来何疾也！"曰："收毕矣。""以何市而反？"冯谖曰："君云'视吾家所寡有者'。臣窃计，君宫中积珍宝，狗马实外厩，美人充下陈。君家所寡有者以义耳！窃以为君市义。"孟尝君曰："市义奈何？"曰："今君有区区之薛，不拊爱子其民，因而贾利之。臣窃矫君命，以责赐诸民，因烧其券，民称万岁。乃臣所以为君市义也。"孟尝君不说，曰："诺，先生休矣！"

后期年，齐王谓孟尝君曰："寡人不敢以先王之臣为臣。"孟尝君就国于薛。未至百里，民扶老携幼，迎君道中。孟尝君顾谓冯谖："先生所为文市义者，乃今见之。"③

---

① （清）纪晓岚：《钦定四库全书荟要》第二册，吉林出版社，2005，第105页。
② 何建章：《战国策注释》，中华书局，2011，第381页。
③ 何建章：《战国策注释》，中华书局，2011，第382页。

巽卦为风，有柔顺之德，能够深入隐微之处。冯谖便是以此德深入了解百姓意愿，如果不是因为着实艰难，薛地百姓想必不会拖欠债务；而又因为在近于五位的四位上，冯谖了解孟尝君家底金玉满堂，亦不需薛地之银锦上添花。所以从单纯经济利益上衡量，债务是否收回，不会从根本上影响到孟尝君正常开销；但是如果硬要百姓还债，恐怕会形成盘剥之效，丧失孟尝君在薛地的威信，这对于双方都是损失。冯谖于是焚券，舍利而取义，不仅为孟尝君树立了"仁君"的信誉，同时也让薛地百姓心生感恩，等到孟尝君运衰之时，同样以仁义相待。冯谖一举而令君民之仁义皆得，为当位行德之君子。

二、损上益下，民悦无疆

（一）惩忿损己

"山下有泽，损。君子以惩忿窒欲。"[1] 身居四位有权有势，已从下体跃入上体，容易升起傲慢和贪欲，此时修德君子应效法损益两卦，损己慢心、贪心，增益上下之间的沟通。傲慢心会让人看不到他人长处，别人做事稍不如意就会心生愤怒，慢心如高山，难以逾越、消减，与人相处却希望得到他人的尊重、追随，只是贪求、妄求而已。损卦，兑下艮上，"山下有泽"，是泽水消损高山之象。君子效法损卦以兑卦悦人善言之德逐步消磨傲慢与欲求的高山，将真实利益带给大众。春秋时期子产治理郑国时一心为民，推行的政令起初虽然得不到支持，但是坚持以民为师、不自以为是，最终得到了善治。《春秋》记载：

---

① （清）纪晓岚：《钦定四库全书荟要》第二册，吉林出版社，2005，第169页。

（襄公）三十一年，郑人游于乡校，以论执政。然明谓子产曰："毁乡校，如何？"子产曰："何为？夫人朝夕退而游焉，以议执政之善否。其所善者，吾则行之；其所恶者，吾则改之。是吾师也，若之何毁之？我闻忠善以损怨，不闻作威以防怨。岂不遽止，然犹防川。大决所犯，伤人必多，吾不克救也。不如小决使道，不如吾闻而药之。"①

鲁襄公三十年时（公元前543年），郑国上卿子皮授权子产治理郑国。子产首先为郑国制定了一系列制度，即"使都鄙有章，上下有服，田有封洫，庐井有伍。大人之忠俭者，从而与之；泰侈者，因而毙之"。郑国当时政治局面日益混乱，子产执政后首先改革社会秩序与土地制度。"都鄙"有"国""野"之分，"国"或"都"是政治中心所在的城邑与郊区，是封国范围内贵族、士大夫和工商业者主要居住的区域；"鄙野"是城郊以外的范围，是庶民劳动者的主要生活区域。春秋中后期，国都与鄙野之间的界限渐趋模糊，影响了原来上下间的井然秩序。而子产区分了国都及边鄙地区的车服位分，使人们按照礼节行事。同时整顿"封洫""庐井"等土地户籍问题。"封"指田界，"洫"指灌溉使用的沟洫，"庐井"是原来建立于井田制上的户籍编制。当时郑国封洫、庐井制度都已破坏，势必引起政局动荡。子产重新划分田地分界，将五家相保编为一伍，那么社会秩序就建立起来。这些制度实际上对于贵族上层利益有所损害，加之对官员进行赏忠罚侈的处理方式，使得分外贪求的既得利益者感到不满，所以子产治郑

---

① （唐）魏徵，褚亮，虞世南，等：《群书治要（校订本）》，中国书店，2014，第105页。

第一年遭到众人攻击："取我衣冠而褚之，取我田畴而伍之。孰杀子产，吾其与之！"正是在这一背景下，社会舆论四起，人们在乡间公共场所纷纷议论新政得失。大夫然明认为舆论压力不利于推行政策改革，但是子产却认为这是民意上传的机会。他以百姓为师，将百姓在生活中对于新政的感受放在首要位置，择善而从、不善则改，顺导民心、应病与药，这是何等的谦逊真诚，丝毫没有高高在上、强制执行的态度。所以在为百姓打开言路，让百姓畅所欲言的同时，子产也在各种声音中寻求最大公约数。结果三年后郑国人民都歌咏："我有子弟，子产诲之。我有田畴，子产殖之。子产而死，谁其嗣之？"子产新政将既得利益者过分的利益合理地分配给百姓，使得上有礼可循，下有利可均。子产本身就处于上层阶级，但是敢于为百姓利益出头，就是因为自身惩忿窒欲、无欲则刚，是六四君子之阴德，与九二君子阳刚呼应，得到百姓心悦诚服地拥护，方能损山之盈、益泽之虚，"损益盈虚，与时偕行"。

（二）迁善益人

"风雷，益。"[1] 六四君子不但自身惩忿窒欲，还效法益卦劝九五之尊自损而益下。益卦，震下巽上，是风上行而雷下动之象。《象传》曰："风雷，益。"君子观此卦象"见善则迁"，端正自身，对上进言"有过则改"而感动百姓。《孟子》记载：

> 齐宣王问曰："文王之囿，方七十里，有诸？"
>
> 孟子曰："有之。"

---

[1] （清）纪晓岚：《钦定四库全书荟要》第二册，吉林出版社，2005，第172页。

曰："若是其大乎？"曰："民犹以为小也。"

曰："寡人之囿，方四十里耳，民犹以为大，何也？"

曰："文王之囿，方七十里，刍荛者往焉，雉兔者往焉。与民同之，民以为小，不亦宜乎？臣闻郊关之内有囿，方四十里，杀其麋鹿者，如杀人之罪，则是方四十里为阱于国中也。民以为大，不亦宜乎？"①

孟子劝告齐宣王在位应以百姓为众，以文王为榜样。文王囿方七十里尤为小，而齐宣王囿方四十里尤为大的原因，在于文王与民共享园囿，刍荛雉兔往来自由，所以百姓认为文王之囿小；而齐宣王独占四十里，百姓非但不占一分，捕猎者还往往被判罪，如同坑害百姓的陷阱，所以百姓认为宣王之囿大。孟子的分析实际上是劝谏宣王心存仁义，让出所有，与民共享，仁义之风由上而下，自然带动百姓回响，如雷之呼应，才是九五"损上益下"的中正之德。益卦来自否卦②，否卦，坤下乾上，是九四"自上下下"与初六交换，而得益卦，震下巽上，其中有乾包坤众之象，表示共享所有之意，所以"民悦无疆"。

三、节以制度，慎刑而丰

（一）制节爱民

"天地节而四时成，节以制度，不伤财，不害民。"③ 天地四时各

---

① （唐）魏徵，褚亮，虞世南，等：《群书治要（校订本）》，中国书店，2014，第887—888 页。
② （清）李道平：《周易集解纂疏》，中华书局，2011，第382 页。
③ （清）纪晓岚：《钦定四库全书荟要》第二册，吉林出版社，2005，第231 页。

有节气，四位君子为百姓谋福利，要顺应天时使用民力财物，效法节卦为生产活动设置一定的规范。节卦，兑下坎上，兑为安稳之泽，坎为流动之水，是水有动静之节的象征。《象传》曰："泽上有水，节。"君子效法此卦制定规范"议德行"而"制度数"，教导百姓欲望得到满足时要知道节制和修养德行。《礼记》为西汉礼学家戴圣所编的典章制度选集，在称谓、辞令、服饰、家教、尊老、丧祭、教化、礼俗等社会生活所有方面皆设置了规范，成为国家社会秩序的制度保障。其中《月令》依据天文安排政事，是根据天文对人身心影响变化，调节事务秩序，可以窥见"节以制度"而导民为善之德。《群书治要·礼记》记载：

孟春之月，立春之日，天子亲帅三公、九卿、诸侯、大夫，以迎春于东郊。命相布德和令，行庆施惠，下及兆民。是月也，天子乃以元日祈谷于上帝。乃择元辰，天子亲帅三公、九卿、诸侯、大夫，耕躬帝藉。禁止伐木；毋覆巢，毋杀孩虫、胎夭、飞鸟，毋麛毋卵；毋聚大众，毋置城郭；掩骼埋胔；不可称兵，称兵必有天殃。

仲春之月，养幼少，存诸孤。命有司，省囹圄，去桎梏，毋肆掠；毋竭川泽，毋漉陂池，毋焚山林。

季春之月，天子布德行惠。命有司，发仓廪，赐贫穷，振乏绝；开府库，出币帛，聘名士，礼贤者。命司空曰："时雨将降，下水上腾；修利堤坊，导达沟渎；开通道路，毋有郭塞。田猎罝罘，罗罔毕翳；喂兽之药，无出九门。"命野虞毋伐桑柘。后妃斋戒，亲帅东向躬桑，禁妇女无观，省妇使以劝蚕事。命工师，百工咸理，监工日号，无悖于时，毋或作为淫巧以荡上心！①

　　春季主生，阳气生发万物，人体也受到温暖的气息开始喜动。孟春时节"天气下降，地气上腾，天地和同，草木繁动"②。《月令》劝导天子当行之事在于教导百姓感念天地资始资生之德。首先要亲自率领众大臣举行迎春之礼，让百姓重视时节的重要性。礼毕返回朝中论功行赏，鼓励众臣继续效力，为国家、为人民出谋划策。同时命令三公发布恩德政令，褒扬好人好事，周济贫穷困苦，将恩德普及广大的人民群众，要像温暖的春风吹到人们心中，鼓舞人心。正月里天子要在"元日"祭祀天地、祈祷丰收，一则祝祷天地，二则追思先祖，以孝悌仁爱之心启发百姓勤劳回报之心。再择"元辰"率领众臣亲自躬耕籍田，就是以身作则地带领百姓劳动，劝导勤劳自强之德。禁止砍伐树木，是因为初春的树木刚刚发芽，或者幼苗刚刚长出；不许残害幼虫、幼兽，以及刚学飞的小鸟，一则养人慈忍之心，二则因为万物存在皆有其理，生态系统是完整不可割裂的，只有保证物种多样性，才能保证生态平衡；此月里不聚众置城郭，以免妨碍春耕农事，导致仓廪不实；而遇到枯骨腐肉都要掩埋起来，是因为腐败之气会违逆生发之气。仲春时节"雷乃发声，始电"③。雷电之时人心不安，要特别保养幼小的孩童，抚恤可怜的孤儿，这是辅助万物长养生气；令掌管司法的官员减少牢狱中关押的囚犯，除去囚犯的脚镣手铐，不允许死刑暴尸、拷打犯人，这些做法都随应生气的上升，启发人心本善的一

---

① （唐）魏徵，褚亮，虞世南，等：《群书治要（校订本）》，中国书店，2014，第135—136页。
② 许维遹：《吕氏春秋集释》，中华书局，2010，第10页。
③ 许维遹：《吕氏春秋集释》，中华书局，2010，第35页。

面；不能放干河川湖泊的水，不能放火焚烧山林，同样是为了整个生态系统的共同生长、持续发展。季春时期"生气方盛，阳气发泄，生者毕出，萌者尽达，不可以内"①。天子要布德行令，命主管官员开仓赈贫，同时打开贮存货物和金钱的府库普施天下，将仁爱之心推广出去；还要礼聘隐居的贤人出仕，为国家解决问题；要命令司空通告雨季的来临，让各方在水位上升之前修整堤防、疏通沟渠、开通道路，以免发生水患，危害百姓生命财产；打猎用来捕捉鸟兽的器具、罗网和药物都不许带出城门，要保护野外自然的生态环境，人与万物和谐共处；命令看守田野、山林的官员禁止任何人砍伐桑树柘树，因为这些是幼蚕的食物；天子的后妃此时也要斋戒，亲自率领宫女去东郊采桑，为的是给天下人做榜样，面向东方迎接日出、早早劳作，还要除去盛装头饰、浓妆艳抹，专心致志地养蚕；要命令百工之长带领工匠努力工作，监工要督促他们严格遵守工艺流程、保证质量，不能制作奇巧而不实用的物品，以免诱人产生奢淫之心。以上种种是顺应春季生发之气，激励国家各个部门展开生产劳动，为"一年之计"打开好的局面。

　　孟夏之月，无起土功，毋发大众。命野虞劳农，命农勉作，毋休于都。

　　仲夏之月，命有司，为民祈祀山川百源，大雩帝；乃命百县，雩祀百辟卿士，有益于民者，以祈谷实。

　　季夏之月，树木方盛，无有斩伐。毋发令而待，以妨神农之

---

① 许维遹：《吕氏春秋集释》，中华书局，2010，第60页。

事。水潦盛昌，举大事则有天殃。①

　　夏季主长，阳气渐旺，所以乘着上升的阳气尽可能地促进农耕生产。孟夏时节"继长增高，无有坏隳"②，不可大兴土木工程增加百姓的徭役负担，命令主管田野山林的官员慰劳农民，勉励他们努力耕作；命令农官认真指导监督，不要总留在都城里。仲夏时节"日长至，阴阳争，死生分"③。要命负责典礼的官员代替百姓向山川百源祈祷，举行祈雨的大雩之祭，通过这样的方式兴起百川的云雨之气，于干旱地区兴修水利，保障农耕顺利。季夏时节"土润溽暑，大雨时行"④，是树木长得最茂盛的时候，此时不能滥采滥伐，因为树木还没到长成坚韧的时候；不能乱发悖时的命令，比如提前提出秋冬的徭役来惊动百姓，使他们不能专心耕作，妨害农官的工作；此时容易发生水灾，还需预防水涝，保证一年劳作不被破坏。

　　　　孟秋之月，乃命将帅，选士厉兵；命大理审断刑；命百官完堤坊，谨雍塞，以备水潦。

　　　　仲秋之月，养衰老，授几杖。乃命有司，趣民收敛，务蓄菜，多积聚；乃劝民种麦，毋或失时。

　　　　季秋之月，命冢宰，举五谷之要，藏帝藉之收于神仓。霜始

----

① （唐）魏徵，褚亮，虞世南，等：《群书治要（校订本）》，中国书店，2014，第136—137页。
② 许维遹：《吕氏春秋集释》，中华书局，2010，第86页。
③ 许维遹：《吕氏春秋集释》，中华书局，2010，第106页。
④ 许维遹：《吕氏春秋集释》，中华书局，2010，第132页。

降，百工咸休。①

秋季主收，阴气上升而阳气收敛。孟秋时节"凉风至，白露降"②，天气转凉要注意收敛、防御，因为万物开始凋零，游牧打猎的外族生活开始艰难，可能会侵略农耕民族，所以要命令军队将帅挑选战士、磨砺武器以保卫人民；要命令治狱之官慎重判刑，以免误伤性命；要命令百官修补堤防，仔细检查堵塞之处，以防水涝灾害。仲秋时节"雷乃始收声。蛰虫俯户。杀气浸盛，阳气日衰，水始涸"③。此时容易出现疫情，人体也开始不善于活动，此时需注意养护老人，为他们提供坐几和手杖；命令司农之官督促农民收藏稻谷、储备干菜，多多准备过冬的粮食；鼓励百姓播种麦子，以备济粮食匮乏的情况。季秋时节"霜始降"④，要命令冢宰核查登记五谷的收成数量以确定租税；要将天子籍田的收成贮藏于神仓；霜降之时天气变凉，刷漆不得坚实，所以各行工匠开始休息。如此完成一年生产的收敛工作。

孟冬之月，赏死事，恤孤寡。命百官谨盖藏，固封疆，备边境，完要塞，谨关梁，大饮烝。天子乃祈来年于天宗，祀于公社，及门闾，腊先祖五祀，劳农以休息之，天子乃命将帅，讲武，习射御。

仲冬之月，天子乃命有司，祈祀四海、大川、山林、薮泽。

---

① （唐）魏徵，褚亮，虞世南，等：《群书治要（校订本）》，中国书店，2014，第137页。
② 许维遹：《吕氏春秋集释》，中华书局，2010，第155页。
③ 许维遹：《吕氏春秋集释》，中华书局，2010，第177页。
④ 许维遹：《吕氏春秋集释》，中华书局，2010，第195页。

有能取蔬食、田猎禽兽者,野虞教导之。

季冬之月,命取冰,冰已入,令告民出五种,命农计耦耕事,修耒耜,具田器。天子乃与公卿大夫共饬国典,论时令,以待来岁之宜。①

冬季主藏,阳气逐渐隐藏。孟冬时节"水始冰,地始冻"②,人体也逐渐喜静,人心容易悲寒,所以注意奖赏为国捐躯的烈士,悼问鳏寡孤独,温暖人心;命令百官保障府库粮仓的安全,巩固封疆、防备边境、修缮要塞、严守关卡桥梁,保卫国家安宁;举行大饮烝之礼,这是农事完成后天子与诸侯大臣在太学饮酒,已明确年龄大小的次序,方便行礼;随后天子向天地日月祈求来年丰收,分别在祭祀土地神的公社和门闾举行祭祀礼,以猎物祭祀祖先及诸神,通过这种仪式举办宴会,一国之君通过祈祀天地的形式昭告百姓一年收成丰欠,一则犒劳百姓贤人一年来的付出、慰劳农民,一则为第二年生产发展制定计划铺垫;天子还要命诸位将帅讲习武功,操练射箭御马之术。仲冬时节"冰益壮,地始坼"③,天子要命令典礼的官员分别祭祀四海大川及山林水泽;如果有地方可以采摘野生水果蔬菜,或是围猎鸟兽,主管田野事务的官员应注意管理,收藏好野生食物,不要浪费。季冬时节"冰方盛,水泽复"④,要命人凿取冰块窖藏起来,以备来年之用;命令田官布告人民拣出五谷的种子,因为水结冰之时,阴气盛极便离春

① (唐)魏徵,褚亮,虞世南,等:《群书治要(校订本)》,中国书店,2014,第137—138页。
② 许维遹:《吕氏春秋集释》,中华书局,2010,第216页。
③ 许维遹:《吕氏春秋集释》,中华书局,2010,第238页。
④ 许维遹:《吕氏春秋集释》,中华书局,2010,第259页。

天不远，所以要劝导百姓计划耕种事宜，修整农具；天子和大臣也要共同修订法典、讨论四时政令，为开春制定计划，周而复始地促进发展。

"天地节而四时成"，天地乾坤交感节制而成四季，六四君子以此为据而劝谏九五之君行天地生养之德，行每月当行之令。六四君子之德柔顺而位正，为九五之尊管理国家提供可行的制度，将众民安稳如泽，"当位以节，中正以通"，上下顺时合节、事务有序，整个国家必然亨通。管子说："凡有地牧民者，务在四时，守在仓廪。仓廪实则知礼节，衣食足则知荣辱；上服度则六亲固，四维张则君令行。"①

（二）丰德治狱

"雷电皆至，丰。君子以折狱致刑。"② 四位君子辅佐五位领导，关键在于刑罚的使用是否得当，轻重缓急都会影响到民心。丰卦，离下震上，是内明外动之象。九四君子行阳德明断案情，六五之主用阴德采纳贤才，使得内部审理明白而外部执行有力，百姓会心服口服地服从法律。如同周公辅佐成王之时告诫道："文王罔攸兼于庶言，庶狱，庶慎，惟有司之牧夫。是训用违，庶狱庶慎，文王罔敢知于兹。武王率惟敉功，弗敢替厥义德。孺子王矣，继自今文子文孙，其勿误于庶狱庶慎，惟正是乂之。"③ 文王谨慎地选择了主管狱讼、舆论的官员，这些官员处理具体事务，为文王安定了社稷，武王也继承了这一义德。"亨，王假之。勿忧，宜日中。"《正义》曰："假，至也，丰亨

① （唐）魏徵，褚亮，虞世南，等：《群书治要（校订本）》，中国书店，2014，第750页。
② （清）纪晓岚：《钦定四库全书荟要》第二册，吉林出版社，2005，第215页。
③ （唐）魏徵，褚亮，虞世南，等：《群书治要（校订本）》，中国书店，2014，第40—41页。

之道，王之所尚，非有王者之德，不能至之。"① 君王之所以能久处日中之位而以光明遍照百姓，正是因为下有九四君子承担职责、雷厉风行，所以亨通。周公制定的《周礼·秋官》，为断狱行刑制定了合理的制度与官员职责，是"成、康之际，天下安宁，刑措四十余年不用"② 的重要原因。《群书治要·周礼》记载：

> 大司寇之职：掌建邦之三典，以佐王刑邦国、诘四方：一曰刑新国用轻典，二曰刑平国用中典，三曰刑乱国用重典。以圜土聚教罢民，凡害人者，置之圜土而施职事焉，以明刑耻之。其能改者，反于中国，不齿三年；其不能改而出圜土者，杀。
>
> 以嘉石平罢民，凡万民之有罪过，而未丽于法，而害于州里者，桎梏而坐诸嘉石，役诸司空州里任之，则宥而舍之。以肺石达穷民，凡远近惸独老幼之欲有复于上而其长弗达者，立于肺石三日，士听其辞，以告于上而罪其长。③

大司寇的职责，是掌管建立邦国的三种法典，辅佐君王对各邦国施行刑法，督察四方。施行刑法的离明之德，首先在于分清用典的轻重：对于刚刚建立的诸侯国要尽量用轻典，条文简约、处罚从宽，以扶助其壮大；对于承平的国家要用中典，宽严适中、可以常行，以保

---

① （魏）王弼：《周易正义》，（唐）孔颖达疏，余培德点校，九州出版社，2010，第307页。

② （唐）魏徵，褚亮，虞世南，等：《群书治要（校订本）》，中国书店，2014，第275页。

③ （唐）魏徵，褚亮，虞世南，等：《群书治要（校订本）》，中国书店，2014，第163—164页。

证其持续发展；而对于弑君篡位的乱国，则使用重典，猛药去疴、严刑治乱，以遏制悖逆的风气。其次对于"疲民"，也就是行为不端之人，也要明辨其性质轻重而予以惩罚：如果做的恶事触犯了法律，就关进狱城，让其劳作反思，并把其罪行公之于众，令其羞耻悔过；其间能改过的就释放，但不能与普通百姓一样按照长幼列序，仍旧低人一等，使其知耻；其间不能改过，而且越狱的，只要逮捕，就要处死。如果所做坏事没有触犯法律，但是有害于乡里，就给他戴上手镣脚铐，命其坐在嘉石上反省示众，再交给司空服劳役，此后必须有人担保此人不再做坏事，才能释放。此外还设置"赤石"，供鳏寡孤独有冤者上诉，士大夫一旦听取诉讼，就会向上传达，并处分不予以受理的当地行政官员。明辨而后威震，是内明外动的丰卦之德。

> 小司寇……以五声听狱讼，求民情：一曰辞听，二曰色听，三曰气听，四曰耳听，五曰目听。以八辟丽邦法，附于刑罚：一曰议亲之辟，二曰议故之辟，三曰议贤之辟，四曰议能之辟，五曰议功之辟，六曰议贵之辟，七曰议勤之辟，八曰议宾之辟。[1]

小司寇"以五刑听万民之狱讼"[2]，审理案件时需要有明辨是非的智慧去洞察民情、获得真实信息：一是通过辩辞判断，比如言不由衷就会闪烁其词；二是通过神色判断，比如脸色一阵红一阵白表明内心有愧；三是通过气息判断，比如呼吸急促表明心中不安；四是通过听

---

① （唐）魏徵，褚亮，虞世南，等：《群书治要（校订本）》，中国书店，2014，第164页。

② （汉）郑玄：《周礼注疏》，（唐）贾公彦疏，上海古籍出版社，2010，第1338页。

力判断，比如听不清问题或避而不答是装糊涂的表现；五是通过眼神判断，比如眼神游离、看不清东西是内心慌乱的表现。又"丽"有附着、补充之意，量刑时要注意补充八类人可以从宽处理的特别规定：一是王室宗亲，二是故旧老臣，三是贤良之士，四是异能之士，五是有功之臣，六是高官贵族，七是效力国家者，八是国家贵宾。这八类人对于国家有着特殊作用、贡献或者关系，可以将功补过，应当予以明辨，以免产生负面影响。

> 司刺：掌三刺、三宥、三赦之法，以赞司寇，听狱讼。一刺曰讯群臣，再刺曰讯群吏，三刺曰讯万民。壹宥曰不识，再宥曰过失，三宥曰遗忘；壹赦曰幼弱，再赦曰老耄，三赦曰憃愚。以此三法者求民情，然后刑杀。①

司刺是负责审理有关死刑案件的官员，辅助司寇审理案件。死刑事关重大，所以要谨慎明察，丝毫不能疏忽，否则将草菅人命。所以在判处死刑的三个环节上、对三类案件的从宽处理上和对三种人罪行的赦免上都必须明明白白、清清楚楚。在"三刺"环节上：一审判处死刑要征询群臣意见；二审判处死刑要征询群吏意见；三审判处死刑要征询百姓意见。在"三宥"案件上：一要宽宥不知法而违法者；二要宽宥无心犯罪者；三要宽宥因疏忽遗忘而犯罪者。在"三赦"之人方面：一要赦免年幼弱小者，二要赦免七八十岁以上老人，三要赦免天生智力缺失者。将这些问题审核彻底明了，才能行刑不失丰亨之德。

---

① （唐）魏徵，褚亮，虞世南，等：《群书治要（校订本）》，中国书店，2014，第164—165页。

王弼曰："丰之为义，阐弘微细，通夫隐滞者也。"① 丰卦之德在于将隐微小节彰显明白，将隐秘阻塞的情况了解清楚。用在案件审理方面，就是将案情调查彻底清楚，细微的蛛丝马迹都不能遗漏，以免造成冤假错案，依法治国亦以仁爱为核心。治理国家需要四位君子依靠法律行事，但是更要以仁义之心运用法律，让人明白犯罪对于社会、自身的危害，唤醒人们的良知，转变犯罪心理，转恶为善才能从根本上遏制犯罪现象，五位之主才能真正无忧而久处日中，实现邦国长治久安。

第二节　贞干万事，大仁天下

《文言》曰："贞者，事之干也。"孔颖达疏："言天能以中正之气，成就万物，使物皆得干济。"② 鲁哀公曾问颜阖："吾以仲尼为贞干，国其有瘳乎？"③ 所以"贞干"并称，为支柱、骨干之意。王先谦《庄子集解》引宣颖曰："贞，同桢。""桢干"亦为筑墙时所用的木柱，比喻支柱、骨干。匡衡曰："朝廷者，天下之桢干也。公卿大夫相与循礼恭让，则民不争；好仁乐施，则下不暴；上义高节，则民兴行；宽柔和惠，则众相爱。四者，明王之所以不严而成化也。"④ 五位君子如何治理国家？如何起到模范作用？国家之间外交要实现什么样的效

---

① （清）纪晓岚：《钦定四库全书荟要》第二册，吉林出版社，2005，第214页。
② （魏）王弼：《周易正义》，（唐）孔颖达疏，余培德点校，九州出版社，2010，第26页。
③ （清）王先谦：《庄子集解》，中华书局，2012，第339页。
④ （汉）班固：《汉书》，中华书局，2014，第3334页。

果？是这一节要讨论的问题。

一、飞龙观民，以察己道

（一）飞龙在天

"九五：飞龙在天，利见大人。"乾卦五位君子为一国之君，即为万民所仰，则应行"大人"之道。"见"为"现"，展现之意。王弼注曰："不行不跃，而在乎天，故曰飞龙也。龙德在天，则大人之路亨也。夫位以德兴，德以位叙，以至德而处盛位，万物之睹，不亦宜乎。"国君应立身行道，令群众归心而作之君，慈惠保民而作之亲，教人以道而作之师，这样的德行方能配于九五之位，如尧。《史记》记载：

> 帝尧者，放勋。其仁如天，其知如神。就之如日，望之如云。富而不骄，贵而不舒。黄收纯衣，彤车乘白马。能明驯德，以亲九族。九族既睦，便章百姓。百姓昭明，合和万国。
>
> 乃命羲、和，敬顺昊天，数法日月星辰，敬授民时。分命羲仲，居郁夷，曰旸谷。敬道日出，便程东作。日中，星鸟，以殷中春。其民析，鸟兽字微。申命羲叔，居南交。便程南为，敬致。日永，星火，以正中夏。其民因，鸟兽希革。申命和仲，居西土，曰昧谷。敬道日入，便程西成。夜中，星虚，以正中秋。其民夷易，鸟兽毛毨。申命和叔，居北方，曰幽都。便在伏物。日短，星昴，以正中冬。其民燠，鸟兽氄毛。岁三百六十六日，以闰月正四时。信饬百官，众功皆兴。[1]

---

[1] （汉）司马迁：《史记全译》，陶新华译，线装书局，2016，第4页。

尧曰："谁可顺此事?"放齐曰："嗣子丹朱开明。"尧曰："吁! 顽凶，不用。"尧又曰："谁可者?"欢兜曰："共工旁聚布功，可用。"尧曰："共工善言，其用僻，似恭漫天，不可。"尧又曰："嗟，四岳! 汤汤洪水滔天，浩浩怀山襄陵。下民其忧，有能使治者?"皆曰："鲧可。"尧曰："鲧负命毁族，不可。"岳曰："异哉! 试不可用而已。"尧于是听岳用鲧。九岁，功用不成。

尧曰："嗟! 四岳! 朕在位七十载，汝能庸命，践朕位?"岳应曰："鄙德，忝帝位。"尧曰："悉举贵戚及疏远隐匿者。"众皆言于尧曰："有矜在民间，曰虞舜。"尧曰："然，朕闻之。其何如?"岳曰："盲者子。父顽，母嚚，弟傲，能和以孝，烝烝治，不至奸。"尧曰："吾其试哉!"于是尧妻之二女，观其德于二女。舜饬下二女于妫汭，如妇礼。尧善之，乃使舜慎和五典，五典能从；乃遍入百官，百官时序；宾于四门，四门穆穆，诸侯远方宾客皆敬。尧使舜入山林川泽，暴风雷雨，舜行不迷。尧以为圣，召舜曰："女谋事至而言可绩，三年矣。女登帝位。"舜让于德不怿。正月上日，舜受终于文祖。①

《文言》曰："夫大人者，与天地合其德，与日月合其明，与四时合其序，与鬼神合其吉凶。"尧居五位正是以其德、明、序、吉凶化成天下祥和。

"天地之大德曰生"，尧的心胸广包天、仁爱万民，开发自身"驯德"②，用赤子之心爱护家人、敦伦尽分。"父父，子子，兄兄，弟弟，

① （汉）司马迁：《史记全译》，陶新华译，线装书局，2016，第5—6页。
② （汉）司马迁：《史记全译》，陶新华译，线装书局，2016，第4页。

夫夫，妇妇"使得九族和睦，是"元者，善之长也"。"贵而不骄"，以谦德任贤，得"舜为司徒，契为司马，禹为司空，后稷为田畴，夔为乐正，倕为工师，伯夷为秩宗，皋陶为大理，益掌驱禽"①，德才兼备之人统领百官，百官的职责得到合理划分，也都尽职尽责，"亨者，嘉之会也"；百官上下交泰，"辅相天地之宜，以左右民"，所以政绩卓著，"利者，义之和也"；尧命舜代行天子的政事，流四凶族"而天下咸服"②，诸侯万邦和平共处，将仁爱普及天下，"贞者，事之干也"。

尧选拔继承人时不分亲疏贵贱，唯德是用，是其无私；四岳举舜，而尧将两个女儿嫁给舜以观察其德行真伪，历史诸难考察其能力大小，最终判断舜德为"圣"，是其明智，所谓"日月照临无私，而大人洞悉情伪"③。

四季有其秩序而万物生长，人须顺时而动方有事业功绩，尧任命羲氏、和氏根据天象推算日月星辰运行的规律，制定农耕的时令。任命羲仲在春分日督促壮年民众开始劳作；任命羲叔在夏至日劝导农民尽力助耕，还要敬行教化；任命和仲在秋分日监督秋收，为百姓带来丰收的喜悦；任命和叔在冬至日督导冬藏物畜，保证民众暖衣足食地过冬。一年四季的生活井井有条，百姓勤劳致富、衣食无忧，各种事业都兴盛起来，"指星辰以授民事，顺四时而兴功业"④。

何为"鬼神"？《系辞》曰"阴阳不测之谓神"⑤，难以捉摸的变

---

① （唐）魏徵，褚亮，虞世南，等：《群书治要（校订本）》，中国书店，2014，第1059—1060页。
② （汉）司马迁：《史记全译》，陶新华译，线装书局，2016，第8页。
③ （清）刘思白：《周易话解》，上海三联书店，2015，第29页。
④ （唐）魏徵，褚亮，虞世南，等：《群书治要（校订本）》，中国书店，2014，第1130页。
⑤ （清）纪晓岚：《钦定四库全书荟要》第二册，吉林出版社，2005，第256页。

化就以不可名状的"鬼神"来表示。人事发展变化十分复杂，可以见到的现象只是一部分，所以一般人很难把握其变化趋势。而尧可以通过丹朱表面的开通明达看到他的心思既愚顽又好争功，通过共工的功绩看到他善于言辞而用意邪僻，并认为鲧性格怪戾且毁败善类，对于任用这三人的结局都预测为凶。果然丹朱最终没有受到诸侯百姓拥护；讙兜试用共工做工师，共工果然淫恶邪僻；鲧治水九年都没有成功。而选拔舜时，通过诸侯介绍的背景便知道他是可用之才，甚至把自己的女儿下嫁，最终也验证舜确实有圣德。这就说明尧预测吉凶的能力如同"鬼神"，不可测度又十分准确。

尧以天地无私覆载之德、日月洞悉情伪之明、四时有序成事之功和预料吉凶如神之能，成就唐虞时期的盛世，以至于驾崩之日，"百姓悲哀，如丧父母。三年，四方莫举乐，以思尧"。

由此可知，五位君子当修仁爱无私、明智选贤、调理秩序、把握吉凶之德：五位君子效法天地包容之德，心胸广包天下，以赤子之心爱家、理官，以致仁爱万民；效法日月明照之功，以自身明德彰显于天下，选拔德能相应之贤士；效法四时运行之序，使政务轻重错落有致而百官事务安排井然，使万事万物秩序发展；鬼神之事吉凶难测，五位君子应当不被表象迷惑，抓住变化规律，准确预测事态吉凶，或者增长智慧、逢凶化吉。民以食为天，而君以民为天，一国之君只有全心全意为百姓着想，国家才能长久发展。傅子说："立德之本，莫尚乎正心。心正而后身正，身正而后左右正，左右正而后朝廷正，朝廷正而后国家正，国家正而后天下正。"①

---

① （唐）魏徵，褚亮，虞世南，等：《群书治要（校订本）》，中国书店，2014，第1236页。

(二) 观民察己

"风行地上，观。先王以省方，观民设教。"① 五位君子不但以自身德行为重，同时同样重视民众德行的培养，所以要常常巡视四方观察民风，考察道德教化的效果。"省方"即"巡狩"②，"王者所以巡狩者何? 巡者，循也。狩者，牧也。为天下巡行守牧民也。道德太平，恐远近不同化，幽隐有不得所者，故必亲自行之，谨敬重民之至也。考礼义，正法度，同律历，计时月，皆为民也。"③ 五位君子要像"风行地上而无不周"④ 那样，"随其地、观其俗、因其情、设其教"。舜"五载一巡狩"⑤，四方诸侯纷纷朝见，向舜进言述职。舜与诸侯逐一交谈，从中观察他们的才干，接着将一些重要的政事安排他们承担，在实践中检验其德能，根据功绩予以公平的评价，然后赏赐车马衣物，以示表彰。为什么"五年一巡狩"呢?"所以不岁巡守何? 为太烦也。过五年，为太疏也。"⑥ 如果时间间隔太短，就会劳烦诸侯; 超过五年又会显得不重视。根据古代历法，三年一闰是天体运行的一个小的完备周期，五年两闰是天体运行的一个大的完备周期，所以五年的间隔比较适宜。天子巡狩五岳四方，重视四方万物生长、生产收获、百姓生活和诸侯事业，是超越血缘关系的大仁大爱的胸怀使然。

巡视四方不仅要播善，更要止恶，使天下之人都能意识到自身本具乾道坤德、大仁大义，是九五之尊的重要责任，"九五: 观我生，君

---

① (清) 纪晓岚:《钦定四库全书荟要》第二册，吉林出版社，2005，第105页。
② (清) 刘思白:《周易话解》，上海三联书店，2015，第129页。
③ (清) 陈立:《白虎通疏证》，中华书局，2011，第289页。
④ (宋) 杨万里:《诚斋易传》，九州出版社，2008，第75页。
⑤ (清) 陈立:《白虎通疏证》，中华书局，2011，第20页。
⑥ (清) 陈立:《白虎通疏证》，中华书局，2011，第290页。

子无咎。"《说苑·君道》上记载了禹为天子时观民风不醇的反应：

> 禹出见罪人，下车问而泣之。左右曰："罪人不顺道使然，君
> 王何为痛之至于此也。"禹曰："尧舜之民，皆以尧舜之心为心。
> 今寡人为君也，百姓各自以其心为心，是以痛之也。"①

禹看到人民犯罪，却认为是自己的错误，这是九五君子应有的反思精神。王弼曰："上之化下，犹风靡草，故观民之俗，以察己道。百姓有罪，在余一人，君子风著，己乃无咎。上为化主，将欲自观，乃观民也。"② 处于九五上位的君子，其政教法令应当是如风之遍行于下，百姓随风而化。如果百姓出现问题，就应当反思自身德行是否有缺失、教令是否有偏差、百官是否有失职。九五君子为"万物之睹"，是天下百姓的榜样，只有百姓兴起淳朴的风气、人人都正身行道，将上位的德行化成每个人的德行，才算是尽到了责任，只是没有过失而已，并不算是丰功伟绩。所以商汤说："朕躬有罪，无以万方，万方有罪，罪在朕躬。"③

二、同人大有，选贤用贤

（一）同人同心

五位君主治理国家，要将仁爱大义传递给万民，需要效法同人卦

---

① （唐）魏徵，褚亮，虞世南，等：《群书治要（校订本）》，中国书店，2014，第
1059 页。
② （唐）魏徵，褚亮，虞世南，等：《群书治要（校订本）》，中国书店，2014，第5页。
③ （唐）魏徵，褚亮，虞世南，等：《群书治要（校订本）》，中国书店，2014，第
209 页。

德任贤使能,通过群贤的身教言传感化大众。同人卦离下乾上,天空本身在上,火焰向上蒸腾,《象传》曰"天与火,同人"①。从人事上看,此为贤才附庸明主的卦象,此时九五君子与六二君子呼应,及时求贤。汉武帝为开创盛世大业征召贤良,其中公孙弘出身贫寒,在海边养猪,四十岁才学习《春秋》,六十岁时以"贤良"的身份入朝对策,结果得到汉武帝赏识,将他提为第一名,封为博士,成为汉初第一个以布衣擢居相位之人。《汉书》记载:

> 武帝制曰:"盖闻上古至治,画衣冠,异章服,而民不犯,阴阳和,五谷登,六畜蕃,甘露降,风雨时,嘉禾兴,朱草生,山不童,泽不涸,麟凤在郊薮,龟龙游于沼,河洛出图书,父不丧子,兄不哭弟;舟车所至,人迹所及,跂行喙息,咸得其宜。朕甚嘉之,今何道而臻乎此?天人之道,何所本始?吉凶之效,安所期焉?仁义礼智,四者之宜,当安设施?属统垂业,天文、地理、人事之纪,子大夫习焉,其悉意正议。"②

汉武帝对于上古大同之治十分向往,那时犯罪之人只要穿着与常人不同的衣装,就能令人知耻,不敢犯法;四时和顺,万物繁茂;珍奇的野兽与人互不相犯,还为人贡献宝物;父子兄弟都能健康相伴;人迹所至、品类万物都各得其所。为了重现这样的太平盛况,汉武帝诚恳地向众大夫求教四个问题:一是如何在当时达到上古之治;二是

---

① (清)纪晓岚:《钦定四库全书荟要》第二册,吉林出版社,2005,第83页。
② (唐)魏徵,褚亮,虞世南,等:《群书治要(校订本)》,中国书店,2014,第409页。

问天人吉凶之道是什么；三是仁义礼智的道德教化是否仍旧可行；四是问国家持续发展以及天地人事的准则是什么。汉武帝胸怀天下，所以求道之心精诚如虚空，是大人拜贤之象，如乾卦在上为日月提供广阔空间，得到公孙弘于下以离明之德呼应：

> 弘对曰："臣闻，上古尧舜之时，不贵爵赏而民劝善，不重刑罚而民不犯，躬率以正，遇民信也；末世贵爵厚赏而民不信也，夫厚赏重刑，未足以劝善而禁非，必信而已矣。是故因能任官，则分职治；去无用之言，则事情得；不作无用之器，即赋敛省；不夺民时，即百姓富；有德者进，无德者退，则朝廷尊；有功者上，无功者下，则群臣逡；罚当罪，则奸邪止；赏当贤，则臣下劝。凡此八者，治之本也。故民者，业之即不争，理得则不怨，有礼则不暴，爱之则亲上。此有天下之急者也。故法不远义，则民服而不离；和不远礼，则民亲而不暴。故法之所罚，义之所去也；和之所赏，礼之所取也。礼义者，民之所服也，而赏罚顺之，则民不犯禁矣。故画衣冠，异章服，而民不犯者，此道素行也。①

公孙弘博古通今，明晓道统自古一脉相承，分析当时之世不能善治的原因。他说，上古百姓之所以能不赏而善、不罚而禁，是因为上位者立身行正、建立诚信；但是当时的官员不能诚信待民，所以即使有丰厚的奖赏和严厉的刑罚，也不能劝人向善、止人行恶。鉴于此，公孙弘提出了治本八条：一是按照能力任用官员，则分内之事能够做好；二是不说无用的言辞，才有功夫专心做事；三是不制作无用的器

---

① 《群书治要》学习小组：《群书治要译注》，中国书店，2014，第 1582 页。

具,减少物质消耗就能减少赋税;四是不耽误农时,百姓就能富足;五是提拔有德之人,斥退无德之人,朝廷才会被人尊重;六是升迁有功官员,贬降无为之人,群臣才懂得退让;七是处罚量刑轻重与罪行大小匹配,奸邪之人就会止步;八是以贤能大小论奖赏轻重,大臣就能受到勉励。这是因为遵循礼义自古以来就是百姓信服之道:对百姓而言,使之各安其业就不会相互争夺;事情有符合常情的道理就不会抱怨;以礼相待就不会暴乱;上级官员爱护人民,人民就会爱戴君王。所以法规符合道义,百姓就会顺从;亲和而不失礼节,人民就能相亲而不相暴。这样一来,法律所惩罚的是不符合道义的行为,促进社会和谐的行为正是礼义所推崇的,赏罚符合礼义,也就能够令百姓信服,自然不会触犯禁令,也就实现了上古不赏而善、不罚而禁的效果。总之,礼义是百代常行之道,并不以朝代的更迭而失效。公孙弘明晓汉武帝善治目标是为天下苍生,仁心可嘉,首先为其可能性提供理论支持,鼓励信心。其次明析天人吉凶之道:

> 臣闻之,气同则从,声比则应。今人主和德于上,百姓和合于下,故心和则气和,气和则形和,形和则声和,声和则天地之和应矣。故阴阳和,风雨时,甘露降,五谷登,山不童,泽不涸,此和之至也。故形和则无疾,无疾则不天,故父不丧子,兄不哭弟。德配天地,明并日月,则麟凤至,龟龙在郊,河出图,洛出书,远方之君,莫不悦义,奉币而来朝,此和之至也。①

---

① 《群书治要》学习小组:《群书治要译注》,中国书店,2014,第1584页。

"同声相应，同气相求"①，如果君主能够在上施恩，百姓在下就会融洽应和。心意相和则气味相和，进而容色相和、声调相和，以至于天地和谐。如此则阴阳和谐、风雨及时、甘露普降、五谷丰登、山不荒凉、河不干涸，这是自然界的和谐。自然和谐，则人身体健康、长寿，就不会有白发人送黑发人的痛苦。德行与天地相配，圣明与日月并列，珍奇动物就会出现，各种宝物也会出现，远方的君王也会前来进贡朝拜，这是天下的和谐。公孙弘将天人一体的道理揭示出来，说明吉凶在己不在天，指导汉武帝树立一体的治国理念。最后论述仁、义、礼、智为获得吉庆的四德，也就是国统长存、天地人事的准则：

> 臣闻之，仁者爱也，义者宜也，礼者所履也，智者术之原也。致利除害，兼爱无私，谓之仁；明是非，立可否，谓之义；进退有度，尊卑有分，谓之礼；擅杀生之柄，通壅塞之涂，权轻重之数，论得失之道，使远近情伪必见于上，谓之术。凡此四者，治之本、道之用也，皆当设施，不可废也。得其要术，则天下安乐，法设而不用；不得其术，则主弊于上，官乱于下。此事之情，属统垂业之本也。桀、纣行恶，受天之罚；禹、汤积德，以王天下。因此观之，天德无私亲，顺之和起，逆之害生。此天文、地理、人事之纪也。

仁、义、礼、智一直是治国大道，不但不可荒废，并且应当妥善运用。仁，就是爱人；义，就是合宜；礼，是所践行的准则；智，是

---

① （清）纪晓岚：《钦定四库全书荟要》第二册，吉林出版社，2005，第37页。

权术的本原。求利除害，兼爱无私，就是仁；明辨是非，确定可否，就是义；进退有法，尊卑有别，就是礼；掌握生杀大权，疏通进言之路，权衡商品流通的法规，探讨事务得失的道理，将远近情况的真伪都反应给君王，这些都是权术。四者既为治国要领，也是继承大统的根本之道。不运用四德治国，君主就会被蒙蔽，群臣就会被扰乱；运用四德，国统就能长保。桀纣作恶，受到了上天的惩罚；禹汤积德，因而天下归往、拥之为王。天地没有偏私之心，顺应四德，和谐就会兴起；违背四德，灾祸就会发生，所以四德更是天道人伦的基本规则。

汉武帝阅览公孙弘的对策十分合意，于是将其提升为第一名，并拜为博士，先任其为金马门待诏官，后来授予丞相之位。如此求贤可谓同心同德，《汉书》称赞汉武帝："孝武初立，卓然罢黜百家，表章六经。遂畴咨海内，举其俊茂，与之立功。兴太修学，修郊祀，改正朔，定历数，协音律，作诗乐，建封禅，礼百神，绍周后，号令文章，焕焉可述。后嗣得遵洪业，而有三代之风。如武帝之雄材大略，不改文景之恭俭以济斯民，虽诗书所称何有加焉！"[1] 汉武帝以乾健广大之德广纳贤才、不拘一格，所以贤才如火焰一般归附相佐，"卜式拔于刍牧，弘羊擢于贾竖，卫青奋于奴仆，日磾出于降虏。"汉武帝为贤才提供合适的职位与待遇，以刚健中正之德与文明君子同心同德，"唯君子为能通天下之志"。

（二）大有任贤

五位君子重在选贤用贤，群贤毕至则效法大有卦虚己顺人，共成

---

[1] （汉）班固：《汉书》，（唐）颜师古注，中华书局，2012，第150—151页。

大事。大有卦乾下离上，《象传》曰"火在天上，大有"①。太阳当空之时，万物蒙受照耀而欣欣向荣，隐蔽晦暗之处都充满光明。五位君子彰显个人道德光芒，端身正意而正己化人，一身仁义通过群贤推广四方，"遏恶扬善，顺天休命"。王弼注："大有，包容之象也，故遏恶扬善，成物之美，顺奉天德，休物之命也。"五位虽高，而以阴柔居之，德似不配位，但是位尊而自谦，是以群阳共之。《象传》曰："柔得尊位，大中，而上下应之，曰大有。"王弼注曰："处尊以柔，居中以大，上下应之，靡所不纳，大有之义也。"大有由同人而进，是九五将六二推于帝位，如尧举舜于野，而舜不自以为用，选贤与能任用各位，所以天下为公。《史记》记载：

　　尧老，使舜摄行天子政，巡狩。舜得举用事二十年，而尧使摄政。摄政八年而尧崩。三年丧毕，让丹朱，天下归舜。而禹、皋陶、契、后稷、伯夷、夔、龙、倕、益、彭祖，自尧时而皆举用，未有分职。于是舜乃至于文祖，谋于四岳，辟四门，明通四方耳目，命十二牧论帝德，行厚德，远佞人，则蛮夷率服。舜谓四岳曰："有能奋庸美尧之事者，使居官相事？"皆曰："伯禹为司空，可美帝功。"舜曰："嗟，然！禹，汝平水土，维是勉哉！"禹拜稽首，让于稷、契与皋陶。舜曰："然，往矣！"舜曰："弃，黎民始饥，汝后稷播时百谷。"舜曰："契，百姓不亲，五品不驯，汝为司徒，而敬敷五教，在宽。"舜曰："皋陶，蛮夷猾夏，寇贼奸轨，汝作士。五刑有服，五服三就；五流有度，五度三居。维

---

① （唐）魏徵，褚亮，虞世南，等：《群书治要（校订本）》，中国书店，2014，第3页。

明能信。"舜曰:"谁能驯予工?"皆曰垂可。于是以垂为共工。舜曰:"谁能驯予上下草木鸟兽?"皆曰益可。于是以益为朕虞。益拜稽首,让于诸臣朱虎、熊罴。舜曰:"往矣,汝谐。"遂以朱虎、熊罴为佐。舜曰:"嗟!四岳,有能典朕三礼?"皆曰伯夷可。舜曰:"嗟!伯夷,以汝为秩宗。夙夜维敬,直哉维静絜。"伯夷让夔、龙。舜曰:"然。以夔为典乐,教稚子,直而温,宽而栗,刚而毋虐,简而毋傲;诗言意,歌长言,声依永,律和声,八音能谐,毋相夺伦,神人以和。"夔曰:"于!予击石拊石,百兽率舞。"舜曰:"龙,朕畏忌谗说殄伪,振惊朕众。命汝为纳言,夙夜出入朕命,惟信。"舜曰:"嗟!女二十有二人,敬哉。惟时相天事。"三岁一考功,三考绌陟,远近众功咸兴。分北三苗。①

离明之德需经过考验方能上行于天。尧称老归家,让舜代行天子之政时,舜已经被举用二十年。而尧驾崩时,舜服丧三年就让位于丹朱,足显舜以卑自牧、以阴居阳,方得五阳共之。

杨诚斋曰:"离为火,为日。卦之德有日之明。今也处明不以盈而以虚。乾为天,为健,卦之德有天之健。今也处健不自高而自下,此大舜舍己从人,不有其大也。以日之明,行天之健,则天下之善恶内无遗照,外无遗决。然亦岂自用哉,天讨有罪,吾遏之以天;天命有德,吾扬之亦以天,吾何与焉!此舜禹有天下而不与也。故曰'顺天休命'。同人明在下而不敢专,故止于类而辨;大有明在上而由己出,故极于遏而扬。"② 大有之德"刚健而文明,应乎天而时行",舜居五

---

① (汉)司马迁:《史记全译》,陶新华译,线装书局,2016,第11页。
② (宋)杨万里:《诚斋易传》,九州出版社,2008,第56页。

位虚心纳贤，所以下体贤才各尽其能。

五位君子要明确指导理念，统一思想，才能区分职务。禹、皋陶等二十二人在尧帝时已经得到任用，但没有分别职责。于是舜来到文祖庙，以彰显尧帝之德为要义，召集四方诸侯共商政事，开放四方门庭，全面听取四方反应上来的意见，命令十二位地方长官讲述尧帝的功德。以此统一理念，明确推行敦厚道德、远离邪佞之人，使蛮夷顺服的发展战略。在以弘传尧帝德风为目标的指导下，舜为二十二贤人分工。

任用贤才需要明辨其德。舜在任贤时就虚心采纳了四方诸侯的意见。首先司空之职，为光大尧帝事业、统领百官而辅佐舜的贤才，四方诸侯都认为禹最适合，于是舜委以禹整治洪水的重任。其次共工之职，为训治各种工匠的贤才，四方诸侯都推举垂，于是舜任命垂统领工匠事务。再次虞官之职，为掌管山林水泽之中草木鸟兽的贤才，四方诸侯都推举益，于是舜任命益掌管山林。最后是秩宗之职，为掌管天、地、人三才礼仪的贤才，四方诸侯都推举伯夷，于是舜任命伯夷掌礼施教。

五位君子不但有选贤任职的明智，更有按照工作需要为贤人配备助手的义务。比如舜任命益为虞官时，益推让于朱虎、熊罴，因为山林水泽范围广大，实在不是一人之力能够管理好的。于是舜就任命朱虎、熊罴为益的助手，让他们合作共事。再如任命伯夷为秩宗时，伯夷推让于夔、龙，因为礼义教化与各方民俗需要紧密结合，也不是一人才智可以通晓的。于是舜就任命夔为典乐官，发挥他擅长以音乐感染人民百兽的本领；任命龙为纳言官，真诚地下达舜的旨令，避免邪佞之人混淆舆论。"移风易俗，莫善于乐"①，"防民之口，甚于防水"②，从音乐、舆论两方面配合伯夷施行礼教，是十分适宜的方式。

更重要的是，五位君子始终以百姓为怀，以富民教民、转恶为善为本。舜任命弃为农官，教导百姓种植谷物；任命契为司徒，调节百姓五伦关系的矛盾，布施五伦五常的基本道德；任命皋陶为狱官，适当地裁定五种刑罚的轻重，选择适当的地方执行刑罚，五种流放罪人的情况要有尺度把握，总之要做到明察公允。

这样一来，二十二位贤人都得到了合适的职位，发挥出自己的才能。"此二十二人咸成厥功：皋陶为大理，平，民各伏得其实；伯夷主礼，上下咸让；垂主工师，百工致功；益主虞，山泽辟；弃主稷，百谷时茂；契主司徒，百姓亲和；龙主宾客，远人至，十二牧行而九州莫敢辟违；唯禹之功为大，披九山，通九泽，决九河，定九州，各以其职来贡，不失厥宜。方五千里，至于荒服。南抚交址、北发，西戎、析枝、渠廋、氏、羌，北山戎、发、息慎，东长、乌夷，四海之内咸戴帝舜之功。于是禹乃兴《九招》之乐，致异物，凤皇来翔。天下明德皆自虞帝始。"③ 五位君子仁义之德依靠贤人之功光于海内，"刚健不滞，文明不犯"，"是以元亨"。

---

① （唐）魏徵，褚亮，虞世南，等：《群书治要（校订本）》，中国书店，2014，第190页。
② （唐）魏徵，褚亮，虞世南，等：《群书治要（校订本）》，中国书店，2014，第244页。
③ （汉）司马迁：《史记全译》，陶新华译，线装书局，2016，第13页。

三、大壮无私，贲化天下

（一）大壮有礼

《象传》曰："雷在天上，大壮。君子以非礼弗履。"五位君子声威在天，当以礼义成己，乃能令人悦服。王弼注曰："壮而违礼则凶，凶则失壮矣，故君子以大壮而顺礼也。"大壮卦乾下震上，初位之四位全为阳爻，是阳刚渐长壮大之象，而需五位以柔德调伏，方能相应，虽不当位，但恰逢其时，"六五当众阳盛强于下之时，乃能使众阳帖然而自丧者，正以柔顺和易之德而调伏之也"①。履礼即是行柔顺之德。何者为礼？《春秋左氏传》曰：

> 夫礼，天之经，地之义，民之行。天地之经，而民实则之。则天之明，因地之性，生其六气，用其五行。气为五味，发为五色，章为五声。淫则昏乱，民失其性，是故为礼以奉之。民有好、恶、喜、怒、哀、乐，生于六气。是故审则宜类，以制六志。哀有哭泣，乐有歌舞，喜有施舍，怒有战斗。哀乐不失，乃能协于天地之性，是以长久。②

礼是上天的常道，大地的法则，民众行动的依据。天地的常道实际上都为民众效法。天地之间依靠空中日月星辰的运行规律，遵循大地各处刚柔的性质，产生阴、阳、风、雨、晦、明六种气象，而有水、

---

① （宋）杨万里：《诚斋易传》，九州出版社，2008，第121页。
② 《群书治要》学习小组：《群书治要译注》，中国书店，2014，第579页。

火、木、金、土五种基本元素，形成宇宙变化的现象。五行入于口，人就尝到酸、咸、辛、苦、甘五种味道；入于目，人就见到青、黄、赤、白、黑五种颜色；入于耳，人就听到宫、商、角、徵、羽五种声音。人因为感官受到外界滋味声色的过度刺激就会迷失清净无染的本性，变得迷惑颠倒，产生好、恶、喜、怒、哀、乐等情绪。对于偏好的东西就希望占有，对于厌恶的东西就想要抛弃，喜悦的时候会乐于施舍，愤怒的时候会发生争斗，悲哀之时就会痛哭流涕，欢乐之时就会唱歌跳舞，这些情绪一旦过度就会身心不安、人事混乱，性命也就不能保持长久。百姓不能健康生活，五位君子就会成为孤家寡人。而礼义正是顺应天地人本性自然的规律制定的，有调节心性、保持本性的作用，所以五位君子应当大行礼义，如雷在空中响彻万里，振聋发聩、令人清醒、恢复本性。《象传》曰："大壮利贞"，大壮履礼之德是众义之和，利于干济事业。因为"大者，正也"，五位君子心胸广大，关怀万民生命意义，要用无私真心引领万民走正道、长久之道，才能配得上大人天地之德，"正大而天地之情可见矣"。五位天子有大善，则天下万民皆得其正，《尚书》曰："一人元良，万邦以贞。"①

（二）贲于丘园

行礼不必奢华，而在于仁义的实质。"六五：贲于丘园，束帛戋戋。吝，终吉。"② 五位君子"为饰之主"，要将礼义之风装饰于"丘园"隐微之处，要用柔顺之德、简约行事，用"束帛"之类薄物晓谕礼义深刻道理，方可普及百姓，"用莫过俭，泰而能约"，虽然稍显吝

---

① （唐）魏徵，褚亮，虞世南，等：《群书治要（校订本）》，中国书店，2014，第25页。

② （清）纪晓岚：《钦定四库全书荟要》第二册，吉林出版社，2005，第111页。

啬粗鄙，但是百姓喜闻乐见、容易接受，"乃得终吉也"。贲卦离下艮上，《象传》曰"山下有火，贲。君子以明庶政，无敢折狱"。王弼曰："处贲之时，止物以文明，不可以威刑，故君子以明庶政，而无敢折狱也。""庶政"为百姓之中诸小事，以小事明大理，不可用折狱威猛之德，而应用柔顺导引之德，所以以阴德居五位，而其下贤人皆得其位，实行教化各尽其职。如《诗经》曰："蔽芾甘棠，勿翦勿伐，邵伯所茇。"① 这是以尊敬小棠树而赞美邵伯教化民众的善德。邵伯在倾听百姓诉讼时，为了不劳烦百姓，就在小棠树下的草屋处理案件，百姓受到邵伯德行的润泽，因为悦服其教，而尊敬那棵小棠树，看护它枝繁叶茂，生怕修剪砍伐会伤害到它。邵伯为西周文、武、成、康四朝元老，其修养德行足见天子之道大章。《大雅》曰："文王在上，于昭于天。周虽旧邦，其命惟新。济济多士，文王以宁。"② 文王当初为西伯，有阴德而无位，但圣德光辉普照天下，所以得到威仪有则的贤才，他们济济一堂，推恩施惠于下，大道得兴。古来圣王皆是以礼义无私之德而得天下人心，所以有大同之治。《礼记》曰：

大道之行也，天下为公，选贤与能，故人不独亲其亲，不独子其子，使老有所终，壮有所用，幼有所长，矜、寡、孤、独、废、疾者皆有所养。是故谋闭而不兴，盗窃乱贼而不作，是谓大同。③

---

① 《群书治要》学习小组：《群书治要译注》，中国书店，2014，第 291 页。
② 《群书治要》学习小组：《群书治要译注》，中国书店，2014，第 346 页。
③ 《群书治要》学习小组：《群书治要译注》，中国书店，2014，第 642 页。

《象传》曰:"观乎天文,以察时变;观乎人文,以化成天下。"五位君子观天文知日月照临无私,而一心为公,一家仁而上下兴仁,仁爱之风推及四海,天下之人皆以天下为亲,选贤任能无思无虑。观四时变化而悟人人皆有生老病死,皆需护佑安抚,所以爱其亲则能爱他人之亲,养其子亦能养他人之子,天下一家、彼此不二。天下老者都有人照料,事业都有人继承,终而复始;轻壮之人不吝惜体力,力所能及地为天下服务;天下的幼童也皆能健康成长。爱屋及乌,则不欺矜寡无依之人,不弃孤独无养之人,不侮废疾残缺之人。天下人相亲相爱,自然不需要阴谋诡计、勾心斗角;财物共享,人就不会有偷盗的想法;私欲破除,人就不会贼乱国家制度。天地无私覆载,日月无私照临,四季无私交替,成就万物自在,人心本有天地无私之德,礼义教化使之彰显明白,自然成就太平盛世。刘思白曰:"天文,是日月星辰的错列,寒暑阴阳的改换。观其运行,可以考察出四时的变迁来。人文,是人间伦常的秩序。观其体节,不卑不亢,中规中矩,人尽如此,教化自然成功了。"①

第三节　敬义戒亢,善终图远

"慎终追远,民德归厚。"② 事业达到巅峰状态,一生终了,如何实现过去、现在与未来一体?

---

① (清)刘思白:《周易话解》,上海三联书店,2015,第139页。
② 《群书治要》学习小组:《群书治要译注》,中国书店,2014,第865页。

一、革道顺天，和合大怨

人一生实现一体的过程，是以调整身心矛盾、培养道德为轴心，进而带动家庭和睦、社会和谐、国家安定，总归是将大小矛盾中的消极因素转变为积极因素。矛盾随其大小展现为竞争、斗争、乃至战争，这些都是变革的方式，而战争乃是矫正人心的终极手段，不得已而用之。《道德经》说："和大怨，必有馀怨，安可以为善？是以圣人执左契，而不责于人。有德司契，无德司彻。天道无亲，常与善人。"① 如何将变革向着仁义的方向发展？君子需要修养革卦之德化解矛盾冲突。《象传》曰："泽中有火，革。"② 泽是大水，而其中燃起火焰，水火相容相克，是内在兴起的变革。"天地革而四时成，汤武革命，顺乎天而应乎人"，天地之间阴阳相克而产生适宜万物生命运动的四季，并不是毁灭性的，恰恰是创生性德。而商汤讨伐夏桀、周武王讨伐商纣，都是在民不聊生、君王暴虐已盈的情况下应运而生，符合天道好生之德和人心所向。《史记》记载：

> 帝纣资辨捷疾，闻见甚敏；材力过人，手格猛兽；知足以距谏，言足以饰非；矜人臣以能，高天下以声，以为皆出己之下。好酒淫乐，嬖于妇人。爱妲己，妲己之言是从。于是使师涓作新淫声，北里之舞，靡靡之乐。厚赋税以实鹿台之钱，而盈钜桥之粟。益收狗马奇物，充仞宫室。益广沙丘苑台，多取野兽蜚鸟置其中。慢于鬼神。大聚乐戏于沙丘，以酒为池，县肉为林，使男

---

① （魏）王弼：《老子道德经注校释》，楼宇烈校释，中华书局，2011，第188页。
② （清）纪晓岚：《钦定四库全书荟要》第二册，吉林出版社，2005，第195页。

女裸相逐其闲，为长夜之饮。

百姓怨望而诸侯有畔者，于是纣乃重刑辟，有炮格之法。以西伯昌、九侯、鄂侯为三公。九侯有好女，入之纣。九侯女不喜淫，纣怒，杀之，而醢九侯。鄂侯争之强，辨之疾，并脯鄂侯。西伯昌闻之，窃叹。崇侯虎知之，以告纣，纣囚西伯羑里……而用费中为政。费中善谀，好利，殷人弗亲。纣又用恶来。恶来善毁谗，诸侯以此益疏。①

商纣即位后生活状态极其糜烂。首先，纣王狂妄自大，不可一世。他依仗自己过人的机智辩才拒绝任何谏言、粉饰各种过失，炫耀自己见闻的敏博、吹嘘个人能力，以超乎常人的力量与野兽搏斗，认为自己一人的能力已经在所有人之上。其次，商纣贪婪好色，饮酒放纵无度。不但偏爱妲己，听信妇言，为了取悦妲己，让乐师制作淫乱之音、放荡舞曲、颓废之歌。再次，商纣搜刮民财，毫无仁心。为了享受，他加重赋税来充实鹿台的钱财，将粟米堆满钜桥的仓廪，搜刮得来的奇兽异物充满整个宫廷。不仅如此，商纣还大肆扩张宫殿规模，建造游乐场所。扩建沙丘的苑台，用来养殖捕捉的大量野兽禽鸟，在开挖的池塘中灌满酒水，在树枝上悬挂肉食，让男男女女在其中赤裸嬉戏，通宵饮酒作乐。在这种政治极其昏暗的情况下，百官贵族都已经产生深深的怨恨，四方诸侯中也有已经背叛了殷商统治的国家，商纣就用严刑酷罚维持统一。就连当时辅佐商纣的三公都不免于难：九侯献女惨遭醢刑，鄂侯争辨惨遭脯刑，西伯窃叹反遭囚禁。商纣妄杀贤人而亲小人，任用遭人不耻的费中、恶来，最终导致众叛亲离、民心涣散。

---

① （汉）司马迁：《史记全译》，陶新华译，线装书局，2016，第36—37页。

"革之时大矣哉！"① 君子发动变革要把握时机，以最小的代价，取得最佳的改善效果。商民的怒火已然在平静的水面下熊熊燃起，预示着"水火相息"的变革。与此同时，西伯的阴德已经广为人知，皆曰"西伯盖受命之君"②。至于武王，变革力量已经向其聚集。武王在祭祀文王之后准备起兵伐纣，当时"不期而会孟津者八百诸侯"③，都说"纣可伐"，但是武王仍然等待殷商崩溃的极点。等到商纣杀了王子比干、囚禁了叔父箕子，已经昏聩到六亲不认的程度，连太师疵和少师强都弃商投周，此时武王终于发兵。而殷商人民正等着武王来拯救自己，于是敞开大门，"纣师皆倒兵以战"④，武王长驱直入，奔向纣王，纣王"自燔于火而死"。武王伐纣不费吹灰之力，正是因为顺天时而应民心。要成就革卦之德，上位君子应以仁爱为怀，以不战为上。孙子曰："凡用兵之法，全国为上……不战而屈人之兵，善之善也。"⑤

"上六：君子豹变，小人革面。"变革已经成功，那么上位君子应当收敛锋芒，以德服人，群众就会心悦诚服。伐纣成功后，武王手持大白旗向诸侯挥舞，"诸侯毕拜武王，武王乃揖诸侯"，说明诸侯都服从武王号令，武王也感谢诸侯的协助；武王来到商的国都，百官贵族都在郊外迎接，这时武王派群臣告诉他们"上天降休"，意味着武王要一改商纣昏聩的统治，而行仁政，所以"商人皆再拜稽首"，武王也回拜致意。随后，武王让商纣的儿子禄父继续统辖殷家的余留民众。接着"命召公释箕子之囚；命毕公释百姓之囚，表商容之闾；命南宫括

---

① （清）纪晓岚：《钦定四库全书荟要》第二册，吉林出版社，2005，第 194 页。
② （汉）司马迁：《史记全译》，陶新华译，线装书局，2016，第 42 页。
③ （汉）司马迁：《史记全译》，陶新华译，线装书局，2016，第 43 页。
④ （汉）司马迁：《史记全译》，陶新华译，线装书局，2016，第 45 页。
⑤ 《群书治要》学习小组：《群书治要译注》，中国书店，2014，第 2823 页。

散鹿台之财，发钜桥之粟，以振贫弱萌隶；命南宫括、史佚展九鼎保玉；命闳夭封比干之墓；命宗祝享祠于军"①，进行了一系列安抚工作。最后，武王"纵马于华山之阳，放牛于桃林之虚，偃干戈，振兵释旅：示天下不复用也"②。这些举动都显示出武王"以仁为本，以义治之"③的变革之德。《群书治要·司马法》曰："杀人安人，杀之可也。攻其国，爱其民，攻之可也。以战去战，虽战可也。故仁见亲，义见悦，智见恃，勇见方，信见信。故内得爱焉，所以守也；外得威焉，所以战也。"④武王除暴是为了给商民开创生路，不是为了占有王位，继续骄奢淫逸，所以能得民心。武王在请教箕子商朝败亡的原因时，看到箕子不忍心诉说殷家的恶行，而是以国家兴亡的大道理回复，能够表示理解、不再追问，转而问询天道自然的规律，都表现出武王的仁德大义。王弼曰："居变之终，变道已成，君子处之，能成其文，小人乐成，则变面以顺上也。"革卦上位君子应以阴德配阴位，以谦恭仁厚之德巩固变革的成就，方能保持稳定。

二、亢龙之悔，以终为始

君子时刻注意修身正意，在顺利的情况下常有贵人相助，扶摇直上，如乾卦由初位向上均为阳爻。而"上九，亢龙有悔"，人到高位，或是处于人生巅峰的时期，难免会产生傲慢自满的心态，如果不知警戒，高亢至极就会跃入乾卦上爻，本为阴爻却用阳德，德不配位，且

① （汉）司马迁：《史记全译》，陶新华译，线装书局，2016，第46页。
② （汉）司马迁：《史记全译》，陶新华译，线装书局，2016，第47页。
③ 《群书治要》学习小组：《群书治要译注》，中国书店，2014，第2813页。
④ （唐）魏徵，褚亮，虞世南，等：《群书治要（校订本）》，中国书店，2014，第799页。

不中不正，下面没有阴爻相应，孤家寡人非但不能成事，一旦出现差池将会万劫不复。孔子说："贵而无位，高而无民，贤人在下位而无辅，是以动而有悔也。"什么是"亢"？"知进而不知退，知存而不知亡，知得而不知丧。"凡事都有度，人事功业一直太过顺利，只知道进取而不知道退让，会引人嫉妒；只看到眼前的成就，而不知道一切事物都有终结的时候，不想好人生或事业如何善终，面临危机时就会慌乱无措；有得必有失，一味追求获得而不择手段，而不顾忌代价，恐怕会丧失底线，身败名裂。秦始皇继承了六代先人遗留的功业一统六国，便"自以为功过五帝，地广三王"①，自称为"始皇帝"，可谓妄自尊大、不知收敛，加上臣子阿谀逢迎更是气盛，傲令智迷而听信"不死药"之说，结果身患恶疾、不得善终。《史记》曰：

> 三十四年，始皇置酒咸阳宫，仆射周青臣曰："他时秦地不过千里，赖陛下神灵明圣，平定海内，日月所照，莫不宾服。以诸侯为郡县，人人自安乐，无战争之患，传之万世。自上古不及陛下威德。"始皇悦。博士齐人淳于越进曰："臣闻殷周王千余岁，封子弟功臣，自为枝辅。今陛下有海内，而子弟为匹夫，卒有田常、六卿之臣，无辅弼，何以相救哉？事不师古，而能长久者，非所闻也。今青臣又面谀，以重陛下之过，非忠臣也。"始皇下其议。丞相斯曰："五帝不相复，三代不相袭，各以治，非其相反，时变异也。今陛下创大业，建万世之功，固非愚儒所知也。且越言，乃三代之事，何足法也？今诸生不师今而学古，以非当世，惑乱黔首。闻令下，则各以其学议之。入则心非，出则巷议，率

---

① 《群书治要》学习小组：《群书治要译注》，中国书店，2014，第1087页。

群下以造谤。如此弗禁，则主势降于上，党与成乎下。禁之便。臣请史官非秦记皆烧之。天下敢有藏《诗》《书》、百家语者，悉诣守、尉杂烧之；有敢偶语《诗》《书》，弃市；以古非今者，族；吏见知不举，与同罪；令下三十日不烧，黥为城旦。若欲有学法令，以吏为师。"①

秦始皇即位后二十六年"初并天下"，开始高度集权，变"分封制"为"郡县制"，虽然起初以避免诸侯割据为名，后来却变为征发海内、竭天下之力填一人欲壑，大兴宫室建设，把从诸侯国搜集到的财物充斥其中，使天下的痛苦更甚于诸侯之争。造成这种状况源自秦始皇盲目自大，只听大臣歌功颂德，不能接受反对意见。仆射周青臣奉承秦国疆域的扩张全为秦始皇一人之功，不但将六代功绩置之不问，还妄言上古以来的君王都没有秦始皇圣明。真正圣明的人会明白所有事业并非一人之力，会懂得推功让贤，但是秦始皇听了周青臣的奉承却十分喜悦，助长了其傲亢之气。所以淳于越一提出反对意见，秦始皇就不愿意听了，而是交给群臣讨论。结果又出来一个李斯，有过之而无不及地将六国遗士一棒打倒，焚烧诗书、以吏为师，彻底绝了逆耳忠言的进路，和圣贤之道的传习。平心而论，淳于越之属是饱读圣贤经典之人，怎会不懂得国家长治久安之道？倒是李斯之辈，本着"老鼠哲学"，认为仓廪之中的老鼠不但能吃得好还不怕人，而茅厕中的老鼠不仅吃不饱还怕见人，都是因为环境造成的，所以一心向上爬，用的全是逢迎上级、自私自利的权术。这时一看秦始皇对于淳于越的

---

① （唐）魏徵，褚亮，虞世南，等：《群书治要（校订本）》，中国书店，2014，第246—247页。

意见不置可否，就揣测其意，顺势将能讲大道之人一网打尽，也避免以后有人出来评判自己的正邪。秦始皇本来希望秦国能"二世三世至于万世，传之无穷"，却因为自己的刚愎自用埋下了"二世而亡"的伏笔①。《史记》继续讲道：

卢生说始皇曰："臣等求芝奇药仙者常弗遇。类物有害之者，人主所居，而人臣知之，则害于神。愿上所居宫，无令人知，然后不死之药，殆可得也。"于是始皇乃令咸阳之旁二百里内宫观二百七十，复道、甬道相连，帷帐钟鼓美人充之，案署不移徙。行所幸，有言其处者罪死。自是后，莫知行所在。侯生、卢生相与谋曰："始皇为人，天性刚戾，以为自古莫及己。专任狱吏，狱吏得亲幸。博士虽七十人，特备员弗用。乐以刑杀为威，天下畏罪持禄，莫敢尽忠。上不闻过而日骄，下慑伏谩欺以取容。天下之事，无小大，皆决于上，贪于权势至如此，未可为求仙药。"于是乃亡去。始皇闻亡，乃大怒曰："卢生等，吾尊赐之甚厚，今乃诽谤我也。诸生在咸阳者，或为訞言，以乱黔首。"于是使御史悉案问诸生，诸生传相告引。犯禁者四百六十余人，皆坑之咸阳，使天下知之，以惩后。长子扶苏谏，始皇怒，使扶苏北监蒙恬于上郡。②

秦始皇自以为功盖前贤，以为方术外道可求长生不老，岂知长生

---

① （汉）司马迁：《史记全译》，陶新华译，线装书局，2016，第106页。
② （唐）魏徵，褚亮，虞世南，等：《群书治要（校订本）》，中国书店，2014，第246—248页。

之术须是大善大德之人方能求得？就连得到各种荣华富贵的卢生和侯生都认为，秦始皇的刚愎暴戾、宠幸狱吏、不用贤士、重刑虐民造成了他有过不改、日益骄纵的状态，而且举国上下苟且偷生，官员敷衍保身，这样的君王不值得长生不老，于是逃走。结果秦始皇迁怒诸生，坑埋四百余人，就连太子进谏，也遭贬斥。结果佞臣李斯、赵高在秦始皇出游患病身亡时，密改圣旨赐死太子，将是非不分的秦二世推上帝位，成为傀儡。如此亢龙之悔，上位君子着实需要引以为戒。

司马迁说："秦兼诸侯，南面称帝，天下之士，斐然向风。元元之民，冀得安其性命，莫不虚心而仰上。当此之时，守威定功，安危之本，在于此矣。秦王怀贪鄙之心，行自奋之智，不信功臣，不亲士民，废王道，立私权，禁文书而酷刑法，先诈力而后仁义，以暴虐为天下始。孤独而有之，故其亡可立而待。借使秦王计上世之事，并殷周之迹，以制御其政，后虽有淫骄之主，而未有倾危之患也。故三王之建天下，名号显美，功业长久。"[①] 他感叹秦始皇不懂得爱民保民，但凡能够看看古圣先王治国理政的言行事迹，就会明白水能载舟亦能覆舟的道理。而秦始皇狂妄自大，不屑于学习效法古人的做法，认为时代变了一切都要改变，殊不知还有恒久不变的常道。这就是亢傲蒙蔽了双眼和心灵，使得人在得势之后不再虚心好学，以为什么事情都难不倒自己了。

上位君子统一天下，是百姓所瞻仰、依靠的权威，应当戒秦之亢，以仁义之德为本，戒除贪婪鄙薄之心，以百姓疾苦为重，以兼听广闻为明，聚集天下贤才，向古人学习、向历史学习，将三皇五帝的治世

---

① （唐）魏徵，褚亮，虞世南，等：《群书治要（校订本）》，中国书店，2014，第254页。

道统传承万世。"其惟圣人乎！知进退存亡而不失其正者，其惟圣人乎！"

本体本来无穷，但其作用变化出的形器总有始终。唯有认识到这一点，克服以往强大带来的盲目自大，在将终未终之时构建出更广阔的"共同体"，才能将有形的局限逐步融入本体的无限中，实现时间与空间永恒无垠，全面持续的幸福。

结　论

　　昔者圣人一阴一阳可治天下，其得道统而已矣。由道而行，何物不得成就？《周易》之文无有一字不直指大道。以法象天地为常道，其至矣、大矣、广矣、久矣！上至无始之初，下达无尽之终，旁及海内寰宇皆可为准。盖天地有秩序，何人何事不需秩序？人人有乾坤，则何时何处不能得和乐？永久太平岂非天下之公益？

　　易本无乾坤，万物只是一体。而人不知一体，只知万物，所以矛盾冲突四起。以易道修回共同体，由识天人即一之体，则知初心本性能生爱己爱人之大仁，本能道德可成利用万事之大义。古来圣人作易，纳此真相于卦象，行不言之教明示万民。万民虽日用云为而不知其名，然本性使之乐从其教，民化久矣。中华祖先修易道而成圣贤君子，静则守心去私，动则万善相随，革故鼎新、生生不息。修道无非随六位运乾坤，由万境归仁义。独处潜没，以乾德树立为公大仁，以坤德成就智慧义方，畜养学识，习坎成才；在家敦伦，夫义妇随如乾健坤顺，父母严慈相济而六子展六德有孝悌，各自相辅正位则家和业兴；处众交广，卑己劳谦、诚信有为，邻里化成兄弟，冥顽不肖亦无争讼，民风自然和睦；在朝则有上下，乾坤定位而设险守国，制节谨度顺时惠民，慎用刑罚转恶为善，仁义洽于民心，一国自成一体；尊位大人以民为天，观察风俗以正教化，志同纳贤以尽其才，礼义和乐适于天下，则与天地乾坤感应道交，造就普天同庆；乾道变化而革故无怨，不骄不亢则得善终。终而复始以致无穷，是以中华民族圣贤君子辈出，盛德大业有继，古往今来实为一体。

雁阵尚需头雁带领，方成共进之行。如今我辈同为人类，何以实现共同价值？中国共产党人虽未名圣贤君子，但代天地行乾坤之德与之无异——化救亡之仁为马克思主义，仁义之举总以打造共同体为指归。习近平主席为一国之表率，我辈学者自此以往当"学而时习之"。学者，觉也；习者，小鸟数飞也。先明道之所以立，而后可时时处处历事练心。一旦以天文地理化成乾坤仁义之共同体，携手承传历久弥新之道统，定能造就共产主义仁爱和平的大同世界。

参考文献

一、古籍与专著

［1］（战国）慎到：《慎子》，黄曙辉点校，华东师范大学出版社，2010。

［2］（战国）吕不韦：《吕氏春秋新校释》，陈奇猷校释，上海古籍出版社，2011。

［3］（战国）荀况：《荀子全译》，蒋南华，罗书勤，杨寒清注译，贵州人民出版社，1995。

［4］（春秋）文子：《文子疏义》，王利器疏义，中华书局，2010。

［5］（汉）河上公：《宋刊老子道德经》，福建人民出版社，2013。

［6］（汉）陆贾：《新语校注》，王利器校注，中华书局，2010。

［7］（汉）贾谊：《新书校注》，闫振益，钟夏校注，中华书局，2007。

［8］（汉）刘安：《淮南子》，中州古籍出版社，2012。

［9］（汉）刘向：《说苑校证》，向宗鲁校证，中华书局，2011。

［10］（汉）司马迁：《史记全译》，陶新华译，线装书局，2016。

［11］（汉）司马迁：《史记》，韩兆琦译注，中华书局，2012。

［12］（汉）司马迁：《世本八种》，商务印书馆，1957。

［13］（汉）王充：《诸子集成·论衡》，中华书局，2010。

［14］（汉）班固：《汉书》，（唐）颜师古注，中华书局，2012。

［15］（汉）许慎：《说文解字》，（宋）徐铉等校，上海古籍出版社，2012。

［16］（汉）许慎：《说文解字注》，（清）段玉裁注，上海古籍出版社，2012。

［17］（汉）郑玄：《礼记正义》，（唐）孔颖达正义，上海古籍出版社，2011。

［18］（汉）郑玄：《周礼注疏》，（唐）贾公彦疏，上海古籍出版社，2010。

［19］（汉）焦赣：《焦氏易林》，中国书店，2014。

［20］（汉）应劭：《风俗通义校注》，王利器校注，中华书局，2011。

［21］（汉）袁康：《越绝书全译》，俞纪东译注，贵州人民出版社，1996。

［22］（魏）王弼：《周易注疏》，（晋）韩康伯注，（唐）孔颖达疏，（唐）陆德明音义，中央编译出版社，2013 年。

［23］（魏）王弼：《周易注》，楼宇烈校释，中华书局，2014 年。

［24］（魏）王弼：《周易正义》，（唐）孔颖达疏，余培德点校，九州出版社，2010。

［25］（晋）陈寿：《三国志》，（宋）裴松之注，中华书局，2012。

［26］（南朝）范晔：《后汉书》，（唐）李贤等注，中华书

局，2012。

　　[27]（唐）孙思邈，（明）张景岳，等：《中医解周易》，九州出版社，2015。

　　[28]（唐）房玄龄：《管子》，上海古籍出版社，1987。

　　[29]（唐）魏徵，褚亮，虞世南，等：《群书治要（校订本）》，中国书店，2014。

　　[30]（唐）成玄英：《南华真经注疏》，中华书局，1998。

　　[31]（唐）逢行珪：《鬻子》，上海古籍出版社，1987。

　　[32]（唐）李鼎祚：《周易集解》，中央编译出版社，2011。

　　[33]（唐）柳宗元：《柳宗元集》，尚永亮，洪迎华选编，凤凰出版社，2014。

　　[34]（五代）刘昫，等：《旧唐书》，中华书局，2012。

　　[35]（宋）司马光：《温公易说》，袁永锋，马卫东译，长春出版社，2010。

　　[36]（宋）程颢，程颐：《二程集》，中华书局，2004。

　　[37]（宋）胡仔：《孔子编年》，上海古籍出版社，1987。

　　[38]（宋）杨万里：《诚斋易传》，九州出版社，2008。

　　[39]（宋）朱熹：《朱子全书》，上海古籍出版社，2002。

　　[40]（宋）朱熹：《周易本义》，中华书局，2011。

　　[41]（宋）朱熹：《四书章句集注》，中华书局，2012。

　　[42]（宋）邵子：《易数》，九州出版社，2013。

　　[43]（宋）卫湜：《礼记集说》，上海古籍出版社，1987。

　　[44]（宋）王应麟：《诗考 诗地理考》，中华书局，2011。

　　[45]（宋）王与之：《周礼订义》，上海古籍出版社，1987。

［46］（宋）方闻一：《大易粹言》，上海古籍出版社，1987。

［47］（宋）黎靖德：《朱子语类》，中华书局，1986。

［48］（宋）李杞：《用易详解》，上海古籍出版社，1987。

［49］（宋）刘牧，（元）张理：《易数钩隐图·大易象数钩深图》，九州出版社，2020。

［50］（元）陈澔，万久富：《礼记集说》，凤凰出版社，2010。

［51］（元）脱脱，等：《宋史》，中华书局，2012。

［52］（明）来知德：《周易集注》，九州出版社，2013。

［53］（明）宋濂：《元史》，中华书局，2013。

［54］（明）蒋悌生：《五经蠡测》，上海古籍出版社，1987。

［55］（明）王阳明：《王阳明全集》，浙江古籍出版社，2010。

［56］（明）陈士元：《孟子杂记》，海古籍出版社，1987。

［57］（明）袁黄：《了凡四训》，世界知识出版社，2015。

［58］（明）藕益：《周易禅解》，刘俊堂点校，崇文书局，2015。

［59］（清）黄宗羲：《易学象数论》，九州出版社，2007。

［60］（清）黄宗羲：《宋元学案》，中华书局，1989。

［61］（清）王夫之：《周易外传》，中华书局，2011。

［62］（清）胡渭：《易图明辨》，九州出版社，2008。

［63］（清）张玉书，陈廷敬：《康熙字典》，上海辞书出版社，2015。

［64］（清）周安士：《安士全书》，团结出版社，2013。

［65］（清）秦蕙田：《五礼通考》，上海古籍出版社，1987。

［66］（清）孙希旦：《礼记集解》，中华书局，2010。

［67］（清）纪晓岚：《钦定四库全书荟要》，吉林出版社，2005。

[68]（清）孙星衍：《尚书今古文注疏》，中华书局，2004。

[69]（清）刘宝楠：《论语正义》，中华书局，2011。

[70]（清）焦循：《孟子正义》，中华书局，2011年。

[71]（清）李道平：《周易集解纂疏》，中华书局，2011。

[72]（清）魏源：《老子本义》，黄曙辉点校，华东师范大学出版社，2010。

[73]（清）陈立：《白虎通疏证》，中华书局，2011。

[74]（清）王先谦：《尚书孔传参正》，中华书局，2011。

[75]（清）王先谦：《庄子集解》，中华书局，2012。

[76]（清）王先谦：《荀子集解》，中华书局，2011。

[77]（清）王引之：《经传释词》，李花蕾校点，上海古籍出版社，2016。

[78]（清）黎翔凤：《管子校注》，中华书局，2012。

[79]（清）刘思白：《周易话解》，上海三联书店，2015。

[80]蔡元培：《中国伦理学史》，东方出版社，2012。

[81]章太炎，曹聚仁：《国学概论》，中华书局，2014。

[82]尚秉和：《周易尚氏学》，中华书局，2012。

[83]余嘉锡：《四库提要辩证》，中华书局，2007。

[84]吕思勉：《中国通史》，群言出版社，2016。

[85]熊十力：《乾坤衍》，上海古籍出版社，2019。

[86]黄侃：《黄侃手批白文十三经》，上海古籍出版社，2012。

[87]钱穆：《论语新解》，九州出版社，2011。

[88]钱穆：《孔子传》，九州出版社，2011。

[89]张文治：《国学治要》，中华书局，2015。

［90］冯友兰：《英汉中国哲学简史》，赵复三译，江苏文艺出版社，2012。

［91］刘少奇：《论共产党员的修养》，人民出版社，2009。

［92］徐复观：《儒家思想与现代社会》，九州出版社，2021。

［93］梁漱溟，熊十力，唐君毅，等：《生命的奋进：大师的青少年时代》，九州出版社，2015。

［94］方东美：《生生之德：哲学论文集》，中华书局，2013。

［95］许维遹：《吕氏春秋集释》，中华书局，2010。

［96］程俊英，蒋见元：《诗经注析》，中华书局，2013。

［97］杨伯峻：《孟子译注》，中华书局，2014。

［98］张岱年：《中国伦理思想研究》，中国人民大学出版社，2011。

［99］周振甫：《诗经译注》，中华书局，2014。

［100］周振甫：《怎样学习古文》，中华书局，2013。

［101］于豪亮：《马王堆帛书〈周易〉释文校注》，上海古籍出版社，2016。

［102］徐醒民：《读易简说·儒学简说》，团结出版社，2013。

［103］余敦康：《易学今昔》，中国人民大学出版社，2016。

［104］楼宇烈：《老子道德经注校释》，中华书局，2011。

［105］吕效祖，赵保玉，张耀武：《群书治要考译》，团结出版社，2014。

［106］陈鼓应：《庄子今注今译》，中华书局，2009。

［107］张葆全：《周易选译》，广西师范大学出版社，2016。

［108］方武：《明儒学案：民族文化再觉醒》，九州出版社，2018。

［109］何建章：《战国策注释》，中华书局，2011。

［110］方克立:《中国哲学和21世纪文明走向》,商务印书馆,2003。

［111］孔子及其弟子:《孔子家语》,王国轩,王秀梅译,中华书局,2011。

［112］刘大钧,林忠军:《周易经传白话解》,上海古籍出版社,2010。

［113］刘君祖:《刘君祖完全破解易经密码》,上海三联书店,2015。

［114］杨天宇:《礼记译注》,上海古籍出版社,2013。

［115］常金仓:《周代礼俗研究》,黑龙江人民出版社,2005。

［116］彭林:《仪礼》,中华书局,2012。

［117］张祥龙:《复见天地心——儒家再临的蕴意与道路》,东方出版社,2014。

［118］傅佩荣:《易经与人生》,东方出版社,2012。

［119］江庆柏:《四库全书荟要总目提要》,人民文学出版社,2011。

［120］江庆柏:《四库全书荟要研究》,凤凰出版社,2018。

［121］张再林:《中国古代身道研究》,生活·读书·新知三联书店,2015。

［122］侯才:《郭店楚墓竹简〈老子〉校读》,大连出版社,1999。

［123］刘君祖:《乾坤:刘君祖讲乾坤大智慧》,中信出版社,2016。

［124］王以雍:《易经解析与致用》,九州出版社,2008。

［125］言易:《和光同尘之〈易〉与道同》,九州出版社,2017。

［126］张树旗：《唯象解易：易学入门之一》，九州出版社，2012。

［127］董彦：《易经新解》，九州出版社，2017。

［128］冰火：《乾坤正道》，九州出版社，2018。

［129］李悦，咏沂，李杭：《历史无往不复：〈周易〉·大义微言》，广西师范大学出版社，2014。

［130］陈慧，廖名春，李锐：《天、人、性：读郭店楚简与上博竹简》，上海古籍出版社，2014。

［131］墨子：《墨子》，方勇译注，中华书局，2012。

［132］焦国成，刘余莉：《仁》，天津人民出版社，2012。

［133］马小红：《礼与法：法的历史连接》，北京大学出版社，2005。

［134］靳凤林：《死，而后生：死亡现象学视阈中的生存伦理》，人民出版社，2005。

［135］姚春鹏：《黄帝内经》，中华书局，2012。

［136］许钦彬：《易与古文明》，社会科学文献出版社，2012。

［137］张涛：《列女传译注》，山东大学出版社，1990。

［138］张敬：《列女传今注今译》，台湾商务印书馆，1994。

［139］郭昭第：《中国生命智慧——〈易经〉〈道德经〉〈坛经〉心证》，人民出版社，2011。

［140］任俊华：《易学与儒学》，中国书店，2001。

［141］峻华，朝辉：《周易故事》，华夏出版社，2008。

［142］乔清举：《儒家生态思想通论》，北京大学出版社，2013。

［143］周飞舟，谭明智：《当代中国的中央地方关系》，中国社会科学出版社，2016。

[144] 应星：《农户、集体与国家——国家与农民关系的六十年变迁》，中国社会科学出版社，2016。

[145]《群书治要》学习小组：《群书治要译注》，中国书店，2014。

[146] 黄相怀，等：《不忘初心——中国共产党为什么能永葆朝气》，中国人民大学出版社，2016。

[147] 张文俊：《德性智慧的开启——〈周易〉伦理思想研究》，中国社会科学出版社，2011。

[148] 刘余莉：《群书治要十讲》，团结出版社，2014。

[149] 刘余莉：《心态即命运——正说传统人生智慧》，世界知识出版社，2015。

[150] 史少博：《〈周易〉的启迪——基于现代抑制"科技异化"的研究》，人民日报出版社，2014。

[151] 吴洋：《小儿语·续小儿语》，中华书局，2014。

[152] 因缘生：《学庸衍义》，世界书局，2016。

[153] 王小静：《清末民初修身思想研究——以修身教科书为中心的考察》，人民出版社，2012。

[154] 邓剑华：《〈论语〉修身论》，山东大学出版社，2015。

[155] 李宁：《品读周易：修身、启智、立业》，九州出版社，2012。

[156] 萧祥剑：《〈群书治要〉心得》，中国华侨出版社，2012。

[157] 陈欣雨：《推天道、明人事：周易》，中州古籍出版社，2014。

[158] 鲍扬侗：《周易本经通诠》，九州出版社，2017。

[159] 王文采：《周易经象义证》，九州出版社，2016。

[160] 彭鹏：《君子观象以进德修业：〈易大象〉导读》，九州出版社，2019。

[161] 党连文：《天人合一：领悟老子心中的自然神和人的灵魂》，中国水利水电出版社，2014。

[162] 王美雨：《子弟书诗篇对儒家思想的诠释与传播》，九州出版社，2012。

[163] 本书编写组：《中国共产党章程》，中国法制出版社，2018。

二、译著及外文文献

[1]［日］池田大作，［英］阿·汤因比：《展望二十一世纪》，荀春生，朱继征，陈国梁译，国际文化出版公司，1999。

[2]［美］塞缪尔·亨廷顿：《文明的冲突与世界秩序的重建》，周琪，刘绯，张立平等译，新华出版社，2016。

[3]［日］山本新，秀村欣二：《未来属于中国——汤因比论中国文化》，杨栋梁，赵德宇译，陕西人民出版社，1989。

[4]［法］让-雅克·卢梭，等：《自省之书》，丁凯捷译，北京联合出版公司，2016。

[5]［英］罗素：《中国问题》，秦悦译，经济科学出版社，2013。

[6]［美］彼得·圣吉，等：《第五项修炼·教育篇：知行学校》，知行团队译，中信出版集团，2016。

[7] James Legge, The Chinese Classic, Shanghai：ECNU Press, 2011.

[8] Alasdair C Macintyre, After Virtue：A Study in Moral Theory,

London：Duckworth，1985.

［9］Charles Peixoto，Tony Juniper，Ian Skelly，Harmony：a new way of looking at our world，London：Blue Door，2010.

［10］Arnold Toynbee，Surviving the Future，London：Oxford University Press，1971.

［11］Wm. Theodore de Bary，Tu Weiming，Confucuanism and Human Rights，New York：Columbia University Press，1998.

［12］MacKinnon，Barbara，Ethics：Theory and Contemporary Issues，Beijing：Peking University Press，2012.

［13］Gerard Delanty，Community：2nd edition（Key Ideas），New York：Routledge，2010.

［14］Brenda Almond，Exploring Philosophy-The Philosophical Quest，Oxford：Blackwell，1995.

［15］Wing-tsit Chan，A Source Book in Chinese Philosophy，Princeton University Press，1973.

［16］Liu Yuli，The Unity of Rule And Virtue-A Critique of A Supposed Parallel Between Confucian Ethics and Virtue Ethics，Singapore：Eastern Universities Press，2004.

三、论文与期刊文献

［1］顾炯：《儒家视域中的修身之道》，华东师范大学，2011。

［2］王永平：《先秦的卜筮与〈周易〉研究》，吉林大学，2007。

［3］王天彤：《魏晋易学研究》，山东大学，2007。

［4］李尚信：《今、帛、竹书〈周易〉卦序研究》，山东大学，

2007。

［5］陈仁仁：《上海博物馆藏战国楚竹书〈周易〉研究》，武汉大学，2005。

［6］郭胜坡：《二十世纪易学本体论的两条基本路向研究》，南开大学，2010。

［7］杨生照：《易道形而上学何以可能?》，华东师范大学，2012。

［8］郭胜坡：《周易生命哲学论纲》，清华大学，2005。

［9］赵娟：《论〈周易〉的时间观念——一个文化史的视角》，复旦大学，2012。

［10］杨天才：《〈周易正义〉研究》，福建师范大学，2007。

［11］赵荣波：《〈周易正义〉思想研究》，山东大学，2006。

［12］邱崇：《〈周易〉语篇研究》，山东大学，2012。

［13］陈磊：《王弼注〈周易〉版本研究》，哈尔滨师范大学，2012。

［14］王娅维：《王弼、朱熹〈周易〉注释比较研究》，陕西师范大学，2012。

［15］兰甲云：《周易古礼研究》，湖南大学，2007。

［16］宋思阳：《周易的中国夫妇之道》，曲阜师范大学，2013。

［17］杨鉴生：《王弼及其文学研究》，复旦大学，2005。

［18］黄黎星：《〈易〉学与中国传统文艺观》，福建师范大学，2003。

［19］杜振吉，郭鲁兵：《儒家的修身思想及其方法述论》，《道德与文明》2008 年第 1 期。

［20］蒙培元：《〈周易〉哲学的生命意义》，《周易研究》2014 年第 4 期。

［21］张俊相:《〈周易·蒙卦〉的童蒙道德养成教育观》,《伦理学研究》2008 年第 1 期。

［22］李英华:《从〈周易〉探索中华核心价值观》,《北大中国文化研究》2015 年第 1 期。

［23］谢金良:《易学研究方法漫议》,《周易研究》2013 年第 1 期。

［24］林集友:《"少正卯"解》,《学术研究》1984 年第 4 期。

［25］崔朝辅:《〈易·大象〉对儒家修身理念的阐释》,《十堰职业技术学院学报》2009 年第 4 期。

［26］秦芳:《试论天人即一观下的乾道坤德——〈周易治要〉修身思想探析》,《贵州省党校学报》2016 年第 4 期。

［27］秦芳:《圣人设教 德化天下——论中国传统修身教育理念》,《内蒙古民族大学学报（社会科学版）》2016 年第 6 期。

［28］秦芳:《圣人行易——〈周易治要〉修身主体研究》,《甘肃理论学刊》2016 年第 6 期。

［29］秦芳:《人参天地——〈周易治要〉人生价值观研究》,《延安大学学报（社会科学版）》2017 年第 1 期。

后 记

拙著付梓在即，心中无限感慨。

2014 年在刘余莉教授门下开始研学传统文化，总有望洋兴叹的感触。导师悉心指引和鼓励，同门时常分享和切磋，慢慢将一腔热情转化为源源动力，探索传统文化中的智慧、美景，总令人有无限神往、回味无穷之感。这一路走来并不容易，而学校的清宁、老师的教导、同学的陪伴让我甘之如饴。

感谢父母一直以来对我求学的支持和付出，让我能够专心读书、无忧无虑，度过一段纯粹而充实的旅程，找到人生的方向。毕业后进入学校工作，有幸遇到广纳贤才的领导，一方面提供各方面工作的指导和帮助，另一方面给予充分的自主空间，顺利将以往研究与工作方向结合；同时，同事、朋友成为我此后道路上不可或缺的助力。

最后，还要感谢坚持不懈的自己，虽然禀赋平凡，铁杆亦尚未成针，但始终没有忘记自己出发的梦想。希望一直保持当初的热忱，努力地走下去。

在此，恳请各位读者、方家不吝赐教。

秦 芳

2022 年 1 月 31 日于泉城济南